散文无界
+

# 感世笔谭

曾坤·著

山西出版传媒集团　北岳文艺出版社

图书在版编目(CIP)数据

感世笔谭 / 曾坤著. —太原:北岳文艺出版社,
2017.8
ISBN 978-7-5378-5258-6

Ⅰ.①感… Ⅱ.①曾… Ⅲ.①时事评论—中国—文集 Ⅳ.①D609.9-53

中国版本图书馆CIP数据核字(2017)第151837号

| 书　　名:感世笔谭 | 策　　划:续小强 | 书籍设计:张永文 |
| 著　者:曾　坤 | 责任编辑:赵　婷 | 印装监制:巩　璠 |

**出版发行** 山西出版传媒集团·北岳文艺出版社
**地　　址** 山西省太原市并州南路57号
**邮　　编** 030012
**电　　话** 0351-5628696(发行部)
　　　　　　0351-5628688(总编室)
**传　　真** 0351-5628680
**网　　址** http://www.bywy.com
**E - mail** bywycbs@163.com
**经 销 商** 新华书店

**印刷装订** 山西人民印刷有限责任公司
**开　　本** 787mm×1092mm　1/32
**字　　数** 147千字
**印　　张** 6.875
**版　　次** 2017年8月第1版
**印　　次** 2017年8月山西第1次印刷
**书　　号** ISBN 978-7-5378-5258-6
**定　　价** 29.80元

# 序 言

曾 坤

  一辈子从事新闻工作，一辈子遵从穿靴戴帽的新闻体写作。有人鄙之曰"新闻无学"。闻之，绝不甘心。故而，每逢工作之余，即向文学进军，散文、诗歌、报告文学、小说均轮番试笔，且多变成了铅字，其中受吹捧的亦不少，平添了些许信心。

  早在二〇〇〇年，我的第一本散文集《揽世看涛》由人民日报出版社出版，著名诗人雷抒雁即在序言中鲜明地指出："说起来，新闻与文学总是隔着一道'岭'，新闻记者读作家的文字，常觉其啰嗦和夸张；作家读记者的文字，又总嫌其干巴和直露。其实，一个好的记者与一个好的作家尽可以在这道'岭'上打通一条隧道，相互通畅，二美兼备。"

  其实，这段话就是说给我听的。当然，也是说给媒体全体从业者听的。自这之后，业余时间我从事文学创作的冲动一发而不可收拾，特别是退休之后的这些年。收录在这册书中的作品，几乎全部是闲赋生活中的所感、所悟，全系心无旁骛、远离功利、无羁无挂之作，更是真情实意、肺腑之言。

2017年5月18日于珠海

# 目录

1

## 第二辑　梳理友情

## 第三辑　人生滋味

第一辑 杂谈随想

# 老年教育之缺失

有一段时间，有一句话"不是老人变坏了，而是坏人变老了"在网上及社会上流传甚火。这"甚火"的背后，是许多网民认同这一说法，这就不得不引起我们的深思：为什么会赢得不少人附和呢？

笔者认为，以一个特定年龄段来概括人群的好坏，显然失之以偏。至于附和"此说"者之所以颇多，主要是受到来自现实生活中不断发生的负面信息的困扰与影响。诸如报刊上不时披露的明明老者自个摔倒被人扶起，反诬赖救助者，公共汽车上老人竟殴打不肯给自己让座的年轻人等等。而笔者作为"老人"中的一员，也有类似的亲身感受。譬如笔者所居住的小区内，时常可以看到爷爷奶奶辈的小区邻居，纵容甚至唆使自己不懂事的孙子孙女往喷水池扔石子玩耍。笔者几次上前制止，没有一次不被回绝："多管闲事。"

前不久，笔者在阿联酋旅游期间，一位当地资深华人导游总结说，在所有来阿联酋旅游的各国游客中，以中国游客文明素质排老末。而中国游客中，又以"上岁数"的人排老末。

听罢，更令笔者辗转反侧，夜不能眠。这种日常起居中耳闻目睹的叠加效应，乃是造成许多人对老年群体观感不佳的主要原因。

现今六十岁以上的老年人，用形象一点的比喻，都是用过粮票、布票穷怕了的一代人，都是当过红小兵、红卫兵热过头的一代人，都是高唱"哪里困难到哪里去"理想化的一代人，都是被"一对夫妇只生一个孩子"严控过的一代人，都是从奋发向上的精神贵族转向忙于满足物质欲的一代人，都是历经岁月的打磨、积累了太多变迁、起起伏伏的一代人……

　　在他们身上既有以"阶级斗争为纲"那段漫长岁月烙下的难以抹去的深深烙印，又有改革开放崭新岁月带给他们的洗心革面的冲动；既有经过强烈反差对比而磨砺出的成熟、坚毅和自信，又有被瞬息万变的时代渐渐抛弃而产生的失落、迷惘和不满。特别是现实生活中因不同境遇而分解成的各类老人群体，其对社会的认知与对人生的态度更是五马六道，故表现出来的行为素养亦是高低不一、泾渭分明，老年人群中出现一些败类实属正常，就像其他年龄段的人群中有败类一样，不必大惊小怪。

　　有鉴于此，对老年人教育乃国家终身教育计划中不可或缺的一环，而且是极其重要的一环。从某种意义上讲，老年教育与青少年教育一样，同样关乎国家的未来。因为，社会的发展说到底是代际延续的发展，老年人经验的升华与知识的传递作用是其他教育根本无法取代的。只有正确理解老年教育的价值，才能从根本上发展老年教育。

　　以此为基准，扫描当今老年教育现状，显然是存在缺失的。这就是新时期老年教育绝不只是丰富老年人精神文化生活、延年益寿这一项内容，不光是"老有所养""老有所乐"。更不能仅仅局限于某个特定的老年群落，譬如离退休干部职工，不光局限于老年大学里。笔者认为，中国特色的社会主义老年教育的出发点和最终目的是实现覆盖全国城乡面向全体老年人的继续社会化，即想方设法促进老年个体与社会之间的交往，通过各种积极的教育手段，把他们培养成新时代的新型老人。

换言之，老年教育的核心，是如何让老年人跟得上时代，提高老年人的社会参与率，使他们自始至终成为社会的一员，对社会有责任、有担当。而不是仅追求老年人如何吃好、喝好、玩好，醉心安于一隅，就像商场里的小格子商铺一样，只关心自己、不关心别人，最终锻造出"小格子"思维。

# 对一组交通数据的嚼味

我一向对数字比较敏感，这或许是多年的职业熏陶历练所成。前日与珠海市车辆管理所所长孔飞茶叙，不经意间从他口中获知一组数据：一百五十多万人口的珠海市，目前拥有三十多万辆机动车，每年报名考驾照的人数多达七万余人。这是一组实打实的数据，与报刊上公布的不少庄严而又空洞的"统计数据"迥然不同，没有水分，亦毫无掺水之必要。故真实可信，耐人嚼味。

如果按照目前通常三口人的家庭计算，一百五十多万人口的珠海市折合为五十万个家庭。也就是说，大约一点六个家庭就拥有一辆车。按家庭拥有的汽车数量看，据我所知，在全国都名列前茅。珠海市称得上是架在四个轮子上的城市。另外，从每年报考驾照的人数观之，目前持有汽车驾照的珠海人绝对高于三十万车辆这个数，这也是毫无疑问的。

从上述数字中可以窥探出，大多数珠海家庭相对于全国其他地方的家庭是较富裕的，珠海这座城市相对于全国其他城市是较有实力的。虽然家庭拥有的汽车数，在美国等西方国家并非是一个衡量其富裕程度的指标，但在现阶段的中国，一个家庭拥有私家车与否，一个城市拥有机动车的多寡，却绝对是检视其生活富裕程度的一项重要指标。

记得二十世纪九十年代初第一次来深圳和珠海采访时，两个新兴城市在我们一行中留下强烈反差：前者现代、繁荣、车水马龙；后者美丽、安静、地广人稀。大伙儿都不约而同地喜欢深圳，而将珠海排后。转眼二十多年过去了，珠海已经大跨步向深圳靠拢，从机动车的剧增这一点就可以看得出来。只是原有的那种碧流青山、超凡脱俗的浪漫尚在。如果再让当年我们那帮头一次来深圳珠海的同事在两城之间做一挑选，估计和我一样，都会像瀑布跳崖一样义无反顾地扑向珠海。这倒不是因为深圳发展步伐慢了，而是发展得太快，并一股脑儿地以北京、上海等超大都市为榜样。这样一来，对于只想方方便便、消消停停过日子的普通老百姓来说，喜欢、看中的还是珠海。只是企盼珠海今后的发展不要重复走深圳的老路，丢失了自己独特的韵味。

机动车的剧增，无疑给城市的管理带来巨大的压力。意想不到的是，管理三十万机动车辆的"珠海市车辆管理所"，仅有职工六十多人。这实在有点太不匹配！难怪如今各地车管所如同拥挤的集市，整日人头攒动，好不热闹！"考驾照难""换证难"成了一道新的"扎眼"的风景线。各类"驾校"更成了捞钱最快的一大新兴产业。

然而，许多人哪里晓得，如今"车管所"并非仅仅管理的是一个个没有知觉的铁疙瘩，更包括那些驾驭铁疙瘩的数十万计的人群！叫"车管所"实在太狭义、太落伍了！它绝非只是一个管"物"的部门，还是一个管"人"的部门。它既是车辆的"组织部""管理局"，更是驾驶员的"组织部""人事局"。面对人民生活水平的不断提高、社会面貌的巨大变化，原先计划体制下构筑的交通管理体制、模式、理念早已远远落后于社会的飞速变化。

两者间存在巨大的矛盾，这恰恰是下一步推进改革的着眼点。目前我国改革开放又到了一个新的临界点。以往单一经济改革已被诸多其他领域的"原封不动"牢牢卡住，无法深入。已到了必须推进各项配套改革包括行政管理体制改革的时候了，无论如何拖延不得！

# 博文算公开发表的文章吗

　　近有作者将自己博客中的文章投寄报刊，结果遭退稿，理由是该报刊编辑从网上搜索到作者的博客，该文已在博客上刊登过，说这叫一稿双投，故不再选用。显然，这里提出了一个新问题：博客算公共网站吗？博文等同于公开发表的文章吗？

　　按照时下一致认同的观点，博客是一种网络日志，是一种由个人管理、不定期张贴新的文章的网站。就相当于自己在网上放的一个日记本，可以写自己的心得或者想和人们分享的任何东西。以本人之见，博客纯粹是一处私家领地，上面"栽种"的文章，没有商品属性，自栽自销，自娱自乐，是一种满足"五零"条件（零编辑、零技术、零体制、零成本、零形式）而实现的"零进入壁垒"的网上个人出版方式。与受利益驱动、意识形态以及传统的审查制度严控的公共媒体，有着本质的不同。

　　所以，本人自开通博客以来，仅将博客视为本人撰稿平台及稿件储藏库。一是凡欲公开发表的文章均先在博客上起草，以听取博友们的意见，反复进行修改。"得其评哉，知可行使，然后出手"；二是将博客当作文库，把业已在报刊上公开发表过的文章存放于此。这样既可以起到与博友交流的作用，又查找方便，不易丢失。总之，视博客为"自留地""自耕苑"。

笔者以为，任何人在建立博客时都和我一样，绝不会认为自己撰写于博客上的博文，视为同在报刊上公开发表的文章一样。当然，由于网络自身所具有的传播功能，有时候博文会被博友自行转载，但转载的范围亦仅限于博客的范围，从"私家"到"私家"，绝不超越博客之范围。另有一种情况，某公共媒体看上了某篇博文，欲公开刊出。但前提是，必须征得该博客的同意，而且刊发之后，必须付给稿费，即将博文转化为商品。

作为公共媒体，亦即所谓的"社会公器"，它必须具备两个基本功能：一是公众性，为他人提供服务，而不是为自己服务；二是商业性，以营生为目的，而非私家花园。故它所刊登的所有文章，均为面向社会大众的商品，有着强烈的功利性。与之相比，博客显然与大众媒体截然不同。故不能将博文视为已公开发表的文章。

# 霸王项羽为何经久不衰

　　读书人对楚汉相争这段历史大都不陌生。项羽是楚汉相争中的失败者，最终落得个乌江自刎的下场。但后人似乎很眷恋他，他虽败犹荣的形象流传至今。梅兰芳有一出拿手戏《霸王别姬》，把项羽失败的悲壮表现得淋漓尽致，毛泽东有一句著名的"宜将剩勇追穷寇，不可沽名学霸王"诗词，更是把对项羽失败的无比痛惜之情，酣畅淋漓地挥洒在历史的大幕上！

　　的确，项羽有许多讨人喜爱的地方。虽为一介武夫，却情深义重，与虞姬之间那段"楚霸王英雄末路，虞姬自刎殉情"的感天动地的爱情故事，成为中国古典爱情中最经典、最荡气回肠的灿烂传奇，感动和催泪了无数情男爱女！

　　后人不忘项羽，因为这家伙乃顶天立地一勇夫：浩浩乌江岸边，汉兵汉将多得像蚂蚁抬螳螂一样一层一层围拢上来。项羽瞪着一双电光闪烁的眼睛，拔出宝剑，大步迎敌，汉军竟无一人敢近他身前。项羽忽然看见汉军中有个熟人，正是叛楚降汉的部下吕马童："吕将军来得正好，听说刘邦为了买我的人头，赏千金，封万户，好，孤将首级割下，赐给你，请功受赏去吧！"

　　汉军兵将吓得连连后退，项羽自刎而死，两眼圆睁，死不瞑目。刘邦率军赶到，目睹眼前的悲壮，深受触动。立即传令："项羽既死，尸首不可损坏，葬以诸侯大礼!"

人们怀念项羽，因为这家伙是一个真正的贵族。与刘邦比，他天真、简单、勇猛、尚武；而刘邦全然就是一个无赖，他奸诈、老道、投机、尚谋。他们俩之争恰恰是两种生存状态、两种精神状态的截然不同。正如作家周涛所言，项羽最终失败"不仅标志着个人走到了绝境，也标志着贵族精神的彻底失败""项羽之死是英雄时代的终结"。为此，刘邦的那一套沿袭下来了。直至今日，凡成功者都是刘邦式的人物，今天中国到处都是刘邦的脚印和影子，这一套玩得烂熟的人都成功了。

作为败将的项羽，之所以被一代代人所牢记，因为在他身上潜具着太深刻的历史轨迹。他以自身无可挽回的历史悲剧，为后世矗立了一座巨大无比的长鸣警钟。

毛泽东在一九六二年中央工作会议上，曾用项羽失败的例子，告诫各级领导要能听得进不同意见，不要唯我独尊。毛主席说："从前有个项羽，叫做西楚霸王，他就不爱听别人的不同意见。他那里有个范增。给他出过些主意，可是项羽不听范增的话。另外一个人叫刘邦，就是汉高祖，他比较能够采纳各种不同的意见。有个知识分子名叫郦食其，去见刘邦。初一报，说是读书人，孔夫子这一派的。回答说，现在军事时期，不见儒生。这个郦食其就发了火，他向管门房的人说，你给我滚进去报告，老子是高阳酒徒，不是儒生。管门房的人进去照样报告了一遍。好，请。请了进去。刘邦正在洗脚，连忙起来欢迎。郦食其因为刘邦不见儒生的事，心中还有火，批评了刘邦一顿。他说，你究竟要不要取天下，你为什么轻视长者！这时候，郦食其已经六十多岁了，刘邦比他年轻，所以他自称长者。刘邦一听，向他道歉，立即采纳了郦食其夺取陈留县的意见。刘邦是在封建时代被历史家称为'豁达大度、从善如流'的英雄人物。刘邦同项羽打了好几年仗，结果刘邦赢了，项羽败了，不是偶然的。我们现在有些第一书记，连封建时代的刘邦都不如，倒有点像项羽。这些同志如果不改，最后要垮台的。不是有一出戏叫《霸王别姬》吗？这些同志如果总是不改，难免有一天要'别姬'就是了。"

　　笔者以为，记住项羽不仅是要汲取他用生命与江山换回的惨烈悲痛的历史教训，勿重蹈霸王别姬的老路。更重要的是，要效仿他，做一个顶天立地的男子汉，一个真正的贵族。

# 慎用"幸福指数"

　　曾有一段时间，报刊上兴起了一片追逐"幸福指数"的热浪，似乎大有用"幸福指数"作为新的口号替代先前口号的趋势。有报刊评论更把"幸福指数"量化到几种人身上。提出只要消除了这几种人的"不很幸福感"，我们的社会就幸福大全了。

　　首先值得肯定的是，把满足普罗大众的"幸福指数"作为一种施政理念，作为一种追求，无疑是一种理念与追求的升华。何为"幸福指数"？它既是对生活的客观条件和所处环境的一种事实判断，更是一种纯个体的瞬间的美好心理体验。而幸福感指数，就是衡量这种感受具体程度的主观指标数值。譬如，我独自一人行走在茫茫荒野中，又热又渴。就在这酷渴难挨的节骨眼上，倏然有人递上一瓶冰镇矿泉水，我一饮而尽，这个爽啊痛快啊！整个身心溢满了"幸福感"。又譬如，一位正在寺院修行的女孩，双目微闭，仪态祥和，超然世外：

　　　　你见，或者不见我
　　　　我就在那里
　　　　不悲不喜

你念，或者不念我

情就在那里

不来不去

你爱，或者不爱我

爱就在那里

不增不减

你跟，或者不跟我

我的手就在你手里不舍不弃


　　此时此刻的她，心中溢满了"幸福感"！不难看出，"幸福指数"确实是一种纯属个人的瞬间的美好心理体验。这些普通人的幸福和幸福感，反映的是生活中最真实的存在，是老百姓最具体、最直接、最朴实、最大众化的生活愿景，乃人类本性中所追求的终极。幸福，是一种善的生活，是一种高尚的生活。

　　其实，它也是一种对所渴求的生活状态的满足。对社会大众来说，他们此刻最需要的就是他们最感到幸福的。故而，不同的人在同一时间内的"幸福指数"迥然不同。同理，"不很幸福的指数"亦因人因时因地而异。譬如我一位朋友眼下就正遭受他的顶头上司一手遮天的欺凌：他的小妮头依仗他的淫威，在单位里横行霸道、作威作福：逼走了一把手，誓与单位大多数人为敌，想来就来，想走就走，一年当中就缺勤一百多天！还公然对员工咆哮：我只对上负责，你们算老几？有员工实在看不下去向上级的上级去反映，而这位顶头上司竟然对他的上级主管谎称，是大家不配合他妮头的工作，与她作对。还密谋调整这些"不配合"的员工。气焰之嚣张，行为之放肆，仿佛这世界原本就是他的，想咋咋地！身处这种"独立王国"的环境中，莫说没有一丝一毫的幸福感，简直时时有痛不欲生之念！

还有，买奶粉，有人怕中毒；吃药，有人怕是锯末做的；住院做手术，有人怕送礼不到位医生敷衍；下馆子，有人怕吃到地沟油；买汽车，有人怕摇不到号……这种纯属个体的瞬间的感性化的"不很幸福指数"真是千差万别多得去了。作为从整个社会及施政的角度提出的"幸福指数"，则应该也必须是一个面向所有人的大"指数"，即致力去打造一个公正、公平、正气的体制制度和社会环境，让每个人都生活在一个公正、公平、正气的社会环境中，即便一时找不到工作，一时收入偏低，一时有这样那样的"不很幸福感"，最终都会转瞬即逝，迎刃而解。

"幸福指数"既是一个个体的感性化的瞬间标准，又是一个社会化的恒定的大目标，两者不可混淆。一股脑儿地笼统地讲"幸福指数"，并把它作为口号到处吆喝，往往会本末倒置，个体的感性化的瞬间的幸福或不幸福体验，会强贴在整个社会身上；反之，社会化的恒定的大目标被锁定在几种不很幸福感人身上，那真有点"张飞杀岳飞，杀得满天飞"了。

# 禁止电视剧中插播广告大得民心

据报道，国家广电总局曾下发了一份《〈广播电视广告播出管理办法〉的补充规定》，决定自二〇一二年一月一日起，全国各电视台播出电视剧时，每集电视剧中间不得再以任何形式插播广告。此消息一传出，即刻在我周围人群中博得一片称赞，引来一片热议。

之前，上边各部门所发"通知""规定"多如牛毛，但多不曾像这项"规定"如此撬动人心！究其原因，笔者以为，一是因为此"规定"距老百姓生活太贴近、太密切，几乎牵动到所有人的利益；二是因为广大观众（不论贫富，不论年龄、不论高低）受"广告"侵扰的日子，实在太久、太深。人们像盼星星盼月亮一样，盼望权力部门能站出来管管，哪怕吆喝一声也好；三是因为电视剧插播广告不只是已到了肆无忌惮的程度，甚至大有演变成"广告插播电视剧"的地步，是可忍孰不可忍！

总之，广电总局发的这个"规定"折射出的意义非同一般。它实实在在地回答出了"我是谁，为了谁"的时代命题。如果我们所有的权力部门都能像广电总局一样，就自己所辖范围内的出现"民怨"，给予及时发现，及时梳理，并采取强有力的补救措施，变

"民怨"为"民乐",何愁建设不起和谐社会?

　　不过,广电总局的这个"规定"发得的确有些姗姗来迟。但,笔者要说的是,其触类旁通的意义却非同一般。从这个意义上讲,怎么高估、赞扬这个"规定"都不过分。

# 医改的关键是把经费拨足了

日前去珠海湾仔医院瞧病，多年来这里几乎成了我就医的定点医院，大小病必须先来这里把第一脉。不是因为这里有名气，它只是一所乡镇医院；不是这里医术有多高明，整个医院副主任以上医师统共也没几个。之所以来此，盖因有熟人医师。这里的门诊部主任，是我相识数十年的老友，早在新疆时我俩就是朋友，医德、医术没的说。找他瞧病，我一百个放心：一不怕误诊，二不怕小病大治，三不怕遭遇冷面孔，四不用排长队。总之，眼下就医所遇到的种种"艰难"都可以避开。有道是，如今医院若没有熟人，看病等同于"受累""看气"。这几乎成了所有病患者的"共同感受"。

见到门诊部主任，老朋友相见免不了寒暄几句。见医院看病的患者不是很多，"看来不是太忙吧？"

主任仍是那句老话："忙。"

"忙医改，除了八小时上班，还要加班学习医改文件。"

"怎么又要搞医改啦？不是医改已吵呼了好长一阵子也未见什么真动静。这又要改什么？"我不解地问。

门诊部主任告诉我，从明年一月一日起，他所在的湾仔医院就开始实行"收支两条线"了。即医院全部收入必须上缴财政，所需所有费用再由财政划拨给医院。主任说，过去，我们医院人员工资财政只支付70％，剩下的30％要靠我们自己创收。以后人员工资不用发愁了，这样，我们也就不用再"小病大处方"了。门诊部主任话的意思我太清楚不过了。如今医院为了弥补前段医改将药品进出渠道厘清后的"损失"，于是纷纷采取新的对策：小病大治。按医务界的行话讲，靠"过度医疗"来增加收入。否则医院靠什么养活？

从一个医患者的角度，听了上述信息，倒是蛮高兴的。觉得此次医改的思路对头。不过，问题在于过去医院财政也曾实行过"收支两条线"，后来又改成走市场化的新路。说明"收支两条线"的办法遭遇过唾弃，其中的原因究竟是什么，不得而知。如今要再改回去，多少叫人有些担心。会不会实行一段又走不通，再退回来？凡事就怕折腾。

笔者觉得，医院"收支两条线"可以规避当前许多弊端，是所有办法中弊端最小的办法。但要使"收支两条线"发挥长效，关键在于财政要将给医院的经费拨足了，拨到位，尤其向县、乡、社区医院倾斜。保证任何时候、任何情况下不得"断顿"，经费"足"得让基层医院和医生不再受缺钱的折磨，逼得去干那些"丧尽医德"的事儿。

回归医德，回归救死扶伤精神，是医院取信于民的根本出路，也是医改必须遵循的基本路向！

# 由"偶然音乐"所想到的

得益于在中央音乐学院执教的侄儿时不时点拨，对音乐流派及其不可思议的妙趣略知一二。比如"偶然音乐"，这个萌芽于十八世纪的"音乐游戏"却越来越得到今人的追捧。所谓的"偶然音乐"，是指作曲家在创作中将偶然性因素引入创造过程中或演奏过程中的音乐，亦称"不确定性音乐"或"机遇音乐"。

网上的诠释远不及侄儿来得生动有趣。他举例说：比如六位演奏家上台合奏，但所有演奏家谱架上的乐谱全为一张白纸。在规定的时间段内，演奏家各自为政，凭一时兴起随意演奏，这种合奏出的音乐就叫"偶然音乐"。因为你再让这六位演奏家演奏一遍刚刚演奏过的曲调，没有人会不折不扣把刚才随意演奏过的曲子再完整地演奏出来。最极端的例子莫过于偶然音乐的创始人凯奇演奏的作品《四分三十三秒》：凯奇在观众的热切掌声中走上台来，掌声慢慢平静下来，观众席上鸦雀无声，大家屏住气期待着演奏马上开始。

但左等不着，右等不着，观众席上慢慢有了叽叽喳喳的议论声，接着，起了骚动，有人大声抗议、叫骂、吹口哨等。时间一分一秒地过去了，凯奇在台上足足沉默了四分三十三秒。突然，凯奇深深地向观众鞠了一躬，然后谢幕而去。他把这四分三十三秒期间偶然出现的任何声音都算作他演奏的"音乐"，这就是音乐界无人不晓的"偶然音乐"的代表作《四分三十三秒》。

荒诞吧？奇妙吧？什么叫音乐？流行的就是好的？有人追捧就有存在价值？问题一个接一个地在脑海里打旋，困扰一个套一个地在思绪中飞舞，搅得我神马都是浮云。笔者在想，世界原本就杂斑纷呈，人无同貌，物无重样，故而反映在艺术上必定亦是五彩缤纷、眼花缭乱。这既是宇宙之本源，也是人类之本能，更是艺术之本质。脱开宇宙之本源、人类之本能、艺术之本质，非要强求一致、唯我独尊，不仅乃艺术兴旺之大忌，更是人类社会走向繁荣和谐之大忌。

# 程砚秋是一面镜子

如今，"大师"的桂冠有点贬值，大不如过去金贵。如京剧大师程砚秋，自六岁起学艺，至五十四岁驾鹤西去，期间无一日心事不在京剧上，钻研京剧整整一辈子，精于斯，老于斯，死于斯，独创了一种幽咽婉转、若断若续的唱腔风格，自成一派，位列中国京剧四大名旦之一。

不仅如此，他还将京剧艺术深深根植于博大精深的国学之中，不但饱学经史，熟谙书法，勤于武术，更艺贯中西，真正成为一种文化符号，最终才换来一个"大师"的称誉！

读往鉴今，今日的"程砚秋"，我们往哪里去寻？"艺术家""大腕儿"的头衔倒是俯拾皆是，但能让人怀着炽热的情感持久议论的人，可丁可卯能数出几位？

程砚秋是一面镜子。不要动辄就给那些依赖现代传媒在大众面前混个眼熟的所谓大腕儿冠以"大师"的称号。

# 欲说诤友好困惑

说实话，如今能得到一句真诚的批评，能得到朋友、同事、领导甚至家人面对面、锣对锣一顿酣畅的揭短，实在是一件非常难求的事情。在表扬与自我表扬已形成气候的当下，欲在周围觅一位诤友绝非易事。越是亲近的人，越对你有感情、有依赖的人，欲说批评口难开。

许多人已将批评视为攻击、对某某不满的代名词，不管你是善意还是非善意，尤其是公开的、面对面的批评。即便不得已运用"批评的武器"，也是先用表扬开道，再将"武器"裹上"鼓励、期望"的外衣，欲说批评好困惑。

相当多的人已习惯在表扬、奉承、吹捧的氛围中生活。尤其仕途上，不作情作态，不隐晦曲折，欲保持率真的血性和箴言直腹的坦荡，往往多遇不顺，举步艰难。

有鉴于此，我以为，如今身边若能拥有几位诤友，乃大幸运、大福气、大成功也；如若能成为别人的诤友，乃大奉献、大胆识、大牺牲矣！

# 一份值得重视的罚款“通知书”

二〇〇五年十二月二十八日，《澳门日报》在要闻版上用了几乎四分之一的版面，十分醒目地刊登了一份“通知书”。这是特区政府民政总署管理委员会开列的一张罚款通知书，上面附表列有四十七个人的姓名、性别、身份证明号码等资料。这些人因“涉及在公共地方随地弃置烟蒂，又或在指定地点或容器以外弃置固体废料的不法事实”，处以澳门《公共地方总规章》第四十五条第二款和《违法行为清单》第二条所规定的罚款，每人罚款六百元澳门币。“通知”要求所列四十七名违法者必须在“本通知刊登日起计三十天期间内”交付罚款，否则将承担更为严重的法律后果。

起初，笔者只是大概瞄了那么一眼儿。不料，名单附表下方的“备注”却引发了我的兴趣：备注提供了分辨身份证明类别的标记。于是，我逐一查验了每个违法者的身份，居然令我汗颜！在这四十七人当中，持菲律宾护照的一人，持香港居民身份证的二人，持台湾身份证的二人，其余四十二人全部持中国护照或往来港澳通行证！

当然，这并不能就此而断定地域之间公德水准的高低，因为内地游客已成为澳门的第一大客源，大大高于其他国家和地区的来澳人数。若按来澳客源比例计算，内地人违法者绝不排在首位。但是，细一想，这份通知所反映出的问题，确实值得重视。近年来，随着内地人进入澳门潮涌般地增多，笔者亲身体验到相当一部分内地人与当地人的"不同"：过马路不看红绿灯，随处吐痰，烟蒂随地扔等，给当地带来很大负面影响。对此，当地人微词不绝，媒体更是时有披露，以至于发展到由特区政府分管部门公开在报纸上发表"公告"，以遏止这种"病毒"的蔓延。更为严重的是，眼下，在境外许多国家和地区人们的眼中，这种恶习已变成了影响国人声誉的"地标"。前不久，欧洲某大报竟以"中国吐痰大军即将来了"为题，发表社论提醒人们。令人十分痛惜！

澳门人向来很顾及面子，执事"身段柔软"。这次竟能在报纸上公开指名道姓地处罚，显然是为情势所迫，不得已而为之。迄今，也不知追缴"罚款"的进展情况如何。笔者只想说的是，面对"处罚"，包括我们在内的所有内地人确实要好好地自检一下，该到彻底扭转这种陋习的时候了。

# 一位穿越古今的领导干部——吴起

近翻《资治通鉴》，再读战国名将吴起带兵打仗的故事，依然灵台透亮，感奋不已。不妨抄录如下："起之为将，与士卒最下者同衣食，卧不设席，行不骑乘，卒有病痈者，起为吮之。卒母闻而哭之，人曰：'子，卒也，而将军自吮其痈何哭之？'母曰：'非然也，往年吴公吮及父痈，其父战不旋踵，遂死于敌。吴公今又吮其子，妾不知其死所矣，是以哭。'"

20世纪70年代，因感怀这段故事，笔者曾给《新疆日报》撰写过一篇《吴起带兵的启示》，惊叹吴起居然成为审视古往今来大小官吏的一面锃光瓦亮的镜子，感奋吴起竟然具有穿越千年的跨时代的超级魅力！

今日再读，依然无法不匍匐在这位战国时代将领的脚下，顶礼膜拜！在那个严格实行"君君臣臣、父父子子"的封建等级社会中，吴起作为一位提刀四顾、舍我其谁的赫赫主帅，带兵打仗最关键的"绝招"：从不坐而论道，而是起而论道。他要求士兵奋勇杀敌，既不靠鼓惑人心的"动员令"，亦不执强令以逼迫，而是身先士卒，率先垂范，以心换心："同衣食，卧不设席，行不骑乘。"更为感天动地的是，当他看到一位下层士兵的伤口化脓时，竟毫不迟疑地俯身用嘴帮其吮吸脓血！虽然吸脓并非科学的除疮之方，亦不宜效仿。但这一行为本身所体现出将军对士兵感情的巨大施予和征服，却是其他任何方法根本无法企及的。这是超越中华民族上下五千年的精髓与瑰宝，这是放之四海而皆准的"领导力"与"征服力"，这是……

笔者琢磨再三，其实，吴起带兵的故事无非告诉人们一个再简单、再普通不过的道理，这就是：任何自上而下的"号召"，只要号令者身先士卒，与民众同甘共苦，"号召"就不会卡壳，民众就会"战不旋踵"，所倡导的事业就会无往而不胜。将欲治军，必先治己！

令人痛惜的是，古往今来许多"号令"之所以"足"不出文，令不畅通，或无人响应，并非是在战略上出了什么问题，或者是原则上出了什么纰漏，都不是。而恰恰是在这个再简单、再普通不过的问题上"屡教不改"：整顿道路交通，常常见挂着交警牌照的车横冲直撞，不守交规；清退多占住房，往往是某些大领导借调动、交流四处多占住房；清正廉洁，拉近与民众的距离，君不见愈来愈多的大小"衙门"越砌越高、越砌越"威"，连一个小小的镇政府门前都恨不能垒起"39级台阶"……

通观天下，令不行，乃发令者不行；政不通，乃执政者不先。还是那两句古话说得再明白不过了，一句是唐代大诗人杜甫所写《茅屋为秋风所破歌》中的"安得广厦千万间，大庇天下寒士俱欢颜"；一句是宋代文学家范仲淹《岳阳楼记》中的"先天下之忧而忧，后天下之乐而乐"。只要各级官员身体力行这两条，岂有政令不畅行之理！岂有百姓无"战不旋踵"之理！

# 迟迟才被港澳废除的《大清律例》

日前上网浏览新闻，一条题为"梁爱诗说：香港政改要一步步来七十年代还用《大清律例》"的新闻，令人颇有感触。这是我第二次从港澳名人嘴里听到《大清律例》一词。头一次是二〇〇二年初，我刚从北京来澳门不久。经一熟人牵线，澳门赌王何鸿燊破例地接受了我的专访。乍到与内地体制、制度迥然不同的澳门，似乎对这里的一切都充满新鲜与好奇。尤其对"博彩业"和眼前这位靠"博彩业"起家并成了澳门人"米饭班主"的"赌王"，更有满肚子的问题要问。访谈差不多进行了四十多分钟，临到何先生的秘书一再催促他下一项活动马上到点时，我掂量了再三，提了最后一个问题请他回答：

"何先生，有一个问题不知当问不当问？因为读者特别是内地读者对此有很大疑问，我想替读者提出来。您若不愿意回答，悉听尊便，并请原谅我的冒昧。"

显然，何先生早已料到我要提的问题是什么，心领神会地笑了笑："不管什么问题，你想问就问，我都愿意回答。"

我问："您娶有四房太太，不知依据什么法律？"我的话音刚落，何先生就脱口而答："依据《大清律例》。"我对《大清律例》

这个词太过陌生，根本没明白是什么意思，一时没反应过来。旁边人用普通话一个字一个字地向我重复了一遍，并解释说："大清朝的法律。"

听罢，我真有点莫名惊诧。心想，这是在调侃？还是幽默？但见何先生和他手下的人一本正经的样子，又不像是逗乐。没等我追问，何先生已起身同我道别。

回到办公室，我立即上网详解《大清律例》的内容。该"例律"草创于顺治三年（1646）五月，以《大明律》为基础，再加以修饰。前后经历了康熙、雍正、乾隆三朝修订后才定型。及后《大清律例》一直都在清朝版图内奉行，直到清朝灭亡为止。不过，部分《大清律例》的条例在清朝灭亡后依然继续在香港通用，这是由于香港被迫割让予英国之后，基于香港跟随英国奉行的习惯法，使部分法例在没有其他法例可供参考的情况下继续成为唯一的参考对象。二十世纪五六十年代，一夫多妻制的《大清律例》在香港依旧通行，一直沿用至一九七一年十月七日才废止。澳门和香港一样，关于婚姻家庭的法律亦一直沿用《大清律例》，不过废除时间比香港更延后，直到二十世纪八十年代初方终止。

有《大清律例》可依循，富甲天下的何鸿燊纳几房妻妾碍不着别人什么事儿，这是旧制度的产物，实不必用现代人的眼光死盯着不放，尤其那些专靠瞄阴窥私活命的街头小报小刊。笔者倒是觉得，该紧盯的是早已被时代远远抛弃而迄今仍在发威的那些法律、法规，一如一夫一妻多妾制的《大清律例》。以民主、法制建设领先于大中华圈的香港，直至二十世纪七十年代初，才最终废弃了与民主、平等、自由、法制体制水火不相容的一夫一妻多妾的封建律例，可见法律也有新旧优劣之分，必须伴随着时代的进步不断地弃旧怜新，与时俱进才行。此乃香港法制建设过程给予我们的宝贵启示。

依法治国，乃当今时代的主旋律。刚刚闭幕的"两会"提出"四个全面"，其中之一就是"全面依法治国"。"依法治国"首要的前提是，应适时检讨、清理那些早已不合时宜的法律、法规，修改不合理、古老的法律，诸如香港废弃《大清律例》一样。唯有"依"之正确，方能"治"之长远。

# 珠海市邮政储蓄广富支行取款记

二〇一四年六月二十一日临近中午时分，我去位于珠海市香洲区广银路的中国邮政储蓄广富支行取汇款，谁知，小小邮政储蓄所人满为患。我拿到的"排号"离正在叫到的号相距有二十几个号，估计叫到我的号时，至少需要等候一个小时以上，因储蓄所总共三个服务窗口仅开了两个，服务速度慢得不能再慢。因还相约有其他事情，等不了一个小时，不得不半途离席而去。

二十二日上午十点，又驱车赶往该支行，心想，赶个大早，兴许人不会多吧？孰料，小小营业厅依然人满为患。我拿了一个八十七号，但此刻刚叫到五十一号，离到八十七号还早呢。我抱定耗费它一个上午，总能轮到我吧，坐着耐心等候。可是，愈等愈越觉得来气。统共不到百十平方米的营业厅，被分隔成两部分，靠里面的一半辟做VIP室，专为那些豪客（据说能存十万元的储户）服务，两扇玻璃门紧紧关闭着，玻璃门上方标有"VIP"三个大英文字母，把我们这些提取二百元稿费汇款的人毫不客气地隔在门外。只能在外间满是铁椅子的普通厅等候。

询问大厅营业员："这么多顾客在等候，为什么三个营业窗口不全开？"

答曰："整个储蓄所共设有五个营业窗口，规定只开四个，一个留作备用。"

笔者又问："干吗备用？为谁备用？"

不应答。当下笔者是"身价"二百元的弱者，只好知趣地保持沉默。过了有二十几分钟，两个窗口仍在五十七号五十八号之间徘徊。照这样的速度下去，轮到我八十七号，没有两个小时就甭想。内心的急火一点一点直往脑门顶窜，实在坐不住了，于是，干脆起身推开VIP厅的玻璃门进去瞧瞧。这一看，更是气不打一处来。只见布置得如同高档宾馆会客厅一般的VIP厅，约四十米见方，黑皮沙发、茶几、盆景等一应俱全，足可以与大款身份相匹配。但整个大厅空无一人，两个服务窗口白白闲置在那里。我无论如何弄不明白，本来就容量有限的一间路边邮政储蓄支行，为什么还要一分为二，硬把顾客人为地分成三六九等？制造出"没钱的到哪都受气，有钱的到哪都畅行无阻"的社会不公呢？

本来，作为国营垄断企业的邮政、银行、民航等行业，区别于其他成分企业的基本标记，在于其社会主义的鲜明属性，即公有制和捍卫社会主义价值体系——维护社会公平、公正。然而，一段时间以来，这些鲜明的属性不但在这些行业中荡然无存，甚至被完全颠倒过去，什么贵宾厅、VIP大户室等在这些国营垄断行业中风靡、蔓延。这些行为和思想与社会主义属性风马牛不相及！

好在银行、民航等行业领导终于在深入贯彻反腐倡廉条例中醒悟过来，开始取缔遍布本行业内"高端会所、机场贵宾厅、VIP室"等。真是大得民心！不知邮政储蓄所的VIP室何时取缔，回归"人民邮政"的本色？老百姓拭目以待。

# 高端机舱里的"垃圾客"

实在不愿将这种污秽、下作的"称谓"留在自己的文章中，但一时又找不出与此相对应的"称谓"来形容如此令人作呕的行为。既然字典里有这个词语，不妨拿来一用，看是否贴切，如果读者认为贴切，我宁愿当一回"开骂"的主儿。因为不这样，就无法排解心中无论如何已积攒不下的厌恶与悲伤。

事情是这样的，孝顺的女儿事先没有向我和老伴做半点透露，自作主张、大包大揽为两公婆安排了两次外出旅行，一次是七月中旬飞西安，另一次八月底去黑龙江，本月六号刚刚从哈尔滨折回。两次出行坐的都是高端经济舱，女儿怕我们人老途远，故多花钱让我们坐宽敞一点不受累。其实所谓的"高端经济舱"，不过是航空公司花心思设计的多捞钱的小把戏，除了座位间距比普通舱稍微宽了那么一丁点，其他软硬件与普通舱毫无二致。亲身感受了"两回"后，才悟出起名"高端经济舱"的原因所在，"高端"不过是诱饵，经济舱才货真价实。

按说，我们已经被"高端"了两回，应该美滋滋才对。殊不知如同吃了两回"苍蝇"，想起来就恶心，不动笔"吐"出来就无法安生。先说头次飞西安，行前特意给西安朋友买了一大袋澳门特产

——手信。因为怕压，只好拎在手上上飞机。第一次坐"高端"舱，心想，不用着急排队抢先登机占取行李舱，故等到登机者差不多都上了飞机，我们最后扫尾。没想到，"高端"机舱如同普通机舱，我们座位头顶的行李舱早已塞得满当当，无空间可放行李。没办法只好请乘务员帮忙找地儿。乘务员拎着我的手信袋找到前几排座位上方行李舱内一小块空地儿，将我们的手信袋放了进去。我眼疾，见紧挨着我们手信袋旁边已放有一袋同样包装的澳门手信。特别提醒乘务员一句："这样会不会弄混啊，到时拿错了行李？"

女乘务员信心满满地回答："怎么会呢！你的手信袋这么大，比那个手信袋大两倍还多，拿不错的。"我想也是，体积差别如此巨大，拿错的可能性没有，故也就欣然接受了。岂料，乘务员与我完全想错了，如今社会想不到的事情太多了，舍得多花钱买高端经济舱位，却经不起一袋比自己手信袋大点的诱惑，硬是演了一出"狸猫换太子"的龌龊戏。等飞机抵达西安，我的大袋手信早已被经停长沙下飞机的乘客"调包"拿走了，毫不客气留下他的小手信袋。

乘务员无言以对，一个劲儿地向我们赔不是。而且，"拿错包"的这位乘客模样，乘务员记得一清二楚："是一位带小孩的年轻女乘客"。我们还能怎么着，气愤吧，不用说。恶心吧，真像是掉进了臭气熏天的粪坑里，几乎快要窒息。

再说眼前这趟哈尔滨飞珠海的"高端"经历，比前次飞西安更令人不齿。飞机离开哈尔滨不久，坐在与我仅隔一条通道走廊的邻座中年男乘客先是咳嗽了几声，紧接着低下头去，"啐"的一口痰，径直吐到自己脚下的地毯上，然后用一只脚踩住痰，来回涂抹。事情就发生在周围乘客的眼皮底下，无一人吭声、侧目。我忍不住了，伸过头去对他小声厉言道："怎么可以往地毯上吐痰啊?! 座位靠背后不是备有垃圾袋吗?"

他先是一愣，望了我一眼，扭过头去不搭理我。我怒火中烧，本想大声斥责，转念一想，我们一对老者，本来就是弱者，又出门在外，无依无靠，万一招惹出什么是非来，就真有点"弱"不经风了，话喷到嘴边，又强咽回肚里。不料，飞机经停合肥，我与太太中间的座位又新换了一位乘客：大腹便便一年轻人，手握一部大屏幕手机，举得高高的，齐眉相向地翻着微信看，一直到飞机滑动，他根本不理不睬，继续盯着手机翻看。乘务员走过来，和颜悦色地请他关闭手机，他像是没听到一样，头也不抬仍在盯着手机看。

不得已乘务长亲自出马，走过来伏下身子，几乎是对着这位年轻人的脸和悦地说："谢谢你! 飞机马上就要起飞了，请关闭手机好吗?"他这才极不情愿地关闭了手机。我和太太鄙夷地看着他，他一副"高端"客的神情，对于我俩根本不屑一顾。

我们一路无话。飞机开始下降了，璀璨的珠海夜景已在机下铺开。就在此时，这位年轻人坐直了身子，"啐"的一声，一口浓痰吐在脚下地毯上，声音很大，毫不顾忌。就像鞭子突然抽打在我身上一样，我怒不可遏，冲着他的脸咆哮："年轻人! 怎么回事? 怎么竟然能在飞机上也随地吐痰啊? 太不像话了!"当场捉了一个"现行"，这一回，年轻人有点赖不过去了，连声说："对不起! 对不起! 我忘了。"

"你这叫什么话，这是忘的事吗?! 这是在飞机上啊!"我有点背不过气的感觉，但见周围没有响应者，哪怕连一束怒目而视的眼光也没寻着，先自嘴软。

飞机在徐徐下降，我内心却翻江倒海，越琢磨越来气! 说什么好呢? 如今社会良知的泯灭，道义立场的摇摆，物质文明与精神文明之间惊人的分裂，真的到了唯有令人咽唾沫的无奈份儿。在迪拜当导游多年的一位中国姑娘曾告诉我说，每年来迪拜数以千万计的各国游客中，若让迪拜导游界给各国游客文明程度打分，中国游客毫无例外地排名老末。因为在许多中国游客的辞典中，从来没有"他人""公共"这样的字眼。

毋庸置疑，近二十多年来，富起来的中国人在物质享受方面确实走到了世界的前列，然而，令人忧虑的是，身陷富贵，灵魂却仍然是一个穷光蛋，离"现代人"还差着十万八千里! 就如同这几个混迹于"高端机舱"里的主儿，骨子里却透着愚昧、下贱。

还是套用那句老话警示一下我们的社会：千万不要飞船上了天，国民性却撂了荒，金钱买不来现代人!

# 牙齿与舌头比，牙齿总是先落

近来，自己被牙痛搅得"周天寒彻"，家人亦搞得寝食不安。所以，思绪总在牙齿上打转转。学生时代长着白白净净、整整齐齐的一口好牙，但那个年代没有"护牙"的概念，至少在我处的这个阶层没有。吃杏子，一定要把杏核用牙咬开，连杏仁一块吃了；缝被子，多余的线头一定用牙咬断；咬干馕（维吾尔族的一种食品）、嚼大豆……牙齿总是首当其冲，所向披靡。

谁知，到了如今这把半大不小的年龄，一向坚硬、所向无敌的牙齿，却不再成为值得"炫耀的资本"，像秋风扫落叶一样，哗啦啦一个一个地脱落了。真是奇了：坚挺的牙齿与柔滑的舌头比，居然牙齿比不过舌头，牙齿早早就败下阵来，而舌头却一如既往，与生命共存亡！

细琢磨，这何止是刻骨铭心的生理体验，更是刻骨铭心的人生体验。办公楼外停车，离大门稍远的车位都停满了车，只有大门正对面的几个车位空着。无奈，只好将车停在此处。没等车停稳，门卫就冲出来呵斥："这是给领导留的车位，你不能停在此处！"怎么车位也分职务大小？一股怒气冲天而来："谁规定的这里只准许领导的车停?!"心想，我今天非得论出个输赢不成。

"反正不是我定的。你就是不能停在这里。"门卫更硬，凛然不可侵犯。

"那我停在哪里?"我反问。

"那我管不着。"门卫狗仗人势得厉害。

我欲硬到底，拼他个鱼死网破。但冷静一想，争执下去会有什么结果? 人家只是一门卫，你是一个读书人，不在一个层面上；再说，他执行的是上面的旨意 (当然不是领导者本人，而是周围那些溜须拍马者)，你跟他论理，亦文不对题。算了! 兀自软了下来，强压怒火，一声不响将车开到单位附近的一个公共收费停车场，然后折转头来到单位大门口，迎面又碰到门卫。

门卫似赢得了面子，主动化解刚才的不愉快: "不是我不让你停，是行政处规定的。我一个小小的门卫有什么办法，惹恼了当官的，我饭碗就没了。"

话说到这个份上，我还有什么好讲的。连连对门卫说: "没什么，没什么。"

一场危机终于化解了。靠什么? 软柔! 像舌头一样。如果取牙齿一样坚硬的态度，恐怕不光是门卫保不住饭碗，连自己至少也会在领导那里留下"劣迹"。说不定什么时候这"劣迹"就会派上用场。

这样的例子不胜枚举。一次开车过红绿灯，一辆车违规硬往我车前插，差一丁点就两车相撞。我停车欲说他几句，还没等我开口，没想到他反恶语先飞: "你他妈的找死啊!"说完开了车门就做出拳脚相加的架势。霸道面前有何理可论? 只好兀自走开了事。

老人常说，一撕破脸皮，就没了退路。与人交往，底线是不能撕破脸皮。兀自"手软""心软"，看似"孬熊""草包"，柔非卑弱之谓也，谦退而已。处世待人全无谦退之意，则断不能久。抛开政治上的软硬不论，处世为人似不能太刚硬，太锋芒，太一股脑儿地不管不顾。人世太复杂、太龌龊，处世立足如都似牙齿一般，总想炫耀自己的刚厉，恃才傲物，不管硬杏核、硬大豆，张口就咬，太刚则折，咬到最后牙齿挺不住了。就如同我的牙齿，年轻时，有爱慕者戏谑地过一句话：就看上你一口牙齿。如今，如再见到这位爱慕者，躲之唯恐不及。

终于想通了：舌头虽没有人看得上，但年轻时啥样，如今还是啥样，一点没有变，好一个柔软如一的舌头！

# 李敖瞄准杭州谋划身后事

　　记得二○○八年被逼"出逃"美国整整四十年的一代音乐大师马思聪魂归故里，其子说到马思聪生前留有遗愿：有朝一日若能落叶归根，杭州是其首选之地。不想，昨日台湾文化大师李敖荡舟西湖，游荷塘烟柳，心旷神怡，似有无限眷顾之情。当有记者问及有没有考虑来杭州定居时，李敖不改一贯之孤傲洒脱，竟提出其死后杭州若在比邻南宋青楼才女苏小小墓附近能给他预留出一块坟地，他一定会把自己的全部家当从台湾搬来杭州。

　　这无疑是一个绝顶聪慧、狡黠的回答！"古今多少英雄骨，埋遍西湖南北山。"显然，李敖早已自视为"英雄骨"，当仁不让要当"中国最有气节的当代文化大师"，绝对有百分之百的资格加盟埋骨西湖畔的行列之中。他也深知只有埋骨西湖南北山，才有可能流芳百世！我以为，李敖的回答绝对不是什么逢场作秀的戏言，而是久藏于心的一个老谋深算的愿景与谋划。或许记者的提问根本就是有人特别授意的。这小子实在太精、太绝！不管这个自我评价能否得到后人的认可，亦不管最终能否埋骨西湖，这高超无比的临门一脚绝对踢到了杭州的命门上，踢到了政府的腰眼上。

　　谁敢答应？谁敢做主？如今恐怕无人有此气魄与胆量，不得不留下一个悬念给后人，相信李敖百年之后绝对会有人重提并张罗这个话题的。看来，年逾古稀之年的李敖睿智依旧，激情依旧，放诞依旧！当然，杭州市府亦绝对没有白花工夫让李敖一家人白吃白喝一顿。仅就李敖这一句惊世之言，就能使杭州及西湖的声名突增百倍！绝对给杭州加分不少！

　　我想说的是，西湖的彰显与历代文化名人的眷恋始终是密不可分的。

第二辑　梳理友情

# 悼念庄则栋

一早起来上网看新闻，惊悉一代乒坛霸主庄则栋于大年初一傍晚病逝，心里着实不是滋味。急忙去他的博客上拜谒，最后一篇博文将时间凝固在二〇一二年九月十九日。这篇博文我至少读过五六遍："本人因手术原因，近期无法更新博客，望广大网友谅解。（因手术原因，可能会很长一段时间无法更新，望广大网友见谅。2012.9.15）庄则栋。"也就是说，他写完这篇博文后就住进了医院，直至逝世再没有返回家中！这期间，我曾多次去他的博客拜访，希望看到他有新博文刊出，就像过去几次住院手术后，很快就有新的博文写出一样。但每次去，仍是这篇"公告"置顶，不见更新。想不到这竟是他留给粉丝们的最后一篇博文。痛哉！

他是一个很有韧性的博主，多年来坚持撰写博文，雷打不动。我是他的一名忠实粉丝，经常去他的博客走动，亦是多年雷打不动。我与庄则栋素昧平生，但却如同老相识、老朋友。其原因我也说不大清楚，可能是我尚年幼时，他就以威名赫赫的"世界级大腕"形象植入我心中，潜移默化，催生我成人。他在第二十六届世界乒乓球锦标赛上那一连三十几大板的凶猛"抽杀"，他蝉联三届世界乒乓球男子单打冠军的"奇迹"，始终在我的血液里滚动。准确地说，他那顽强的拼搏精神，他那随遇而安的人生态度，乃是成就我一生的原始动力之一。

数年前，我的一位挚友与庄则栋是朋友。俩人晤面谈及我的情况，庄则栋当场拿出一支球拍，在上面题词后托他转赠与我。我甚为感动。此时此刻，痴痴地凝视这件珍品，睹物思人，悲从中来。庄则栋一生以打球为业，屡屡为祖国争得荣誉，并以"小球推动大球"的"第一铲土"，撬动了世界格局的变化。其功如泰山，傲然于世；其人似日月，辉映于世。然而，只因人生被龌龊的政治熏染过极短的一段时日，便至死都被搁置在"另册"中！

如今，斯人已去，逝者如斯夫。但愿此等人生悲剧不会再重演！

# 送别抒雁兄

天地为何这般残酷？

大年初一原本是一年中最欢愉的日子，不料熟悉的庄则栋却在这天被带走了，永远地走了！内心似压上了一层厚厚的乌云，还没来得及驱散，大年初六凌晨，老朋友雷抒雁连声招呼也没来得及打，也被骤然带走了！永远地走了！呜呼！好人的生命竟如此脆弱、倏忽，实在令我无法接受！

记得抒雁兄患病第一次做手术那年，恰巧我回京开年会，急忙去医院探视。抒雁同往常一样，操一口字正腔圆的"秦腔"，有说有笑，妙语连珠，手术的事缄口不提。我生怕触到他的痛处，亦没敢问一句。只到临别时叮嘱他"多多保重"。

之后，我就折返澳门了。大约过去了两三年，也是回京开年会，不幸身患重感冒，到离家不远的中日友好医院看急诊，竟意外撞见抒雁兄！只见他裹着厚厚的棉大衣，戴着帽子，一副病态的样子，比上次见时，苍老憔悴了许多。我问他来医院干什么，他轻描淡写地回答：取点药。仍然忌谈自己的病。我也就不便细问，唯诚恳地邀请他：欢迎方便的时候到珠海休息一段，那里的气候暖和，适于调养，我负责安排。他回答：能行的话一定去。

回来后从别处得知，他的病又复发了，正在医院接受治疗。但我有职在身，不得不返回驻地。至此一直到他驾鹤西去，再也没见到他！这两天，自责感、愧疚情交织在一起，为什么没有多关心一点老朋友呢！

二十世纪九十年代初，我与抒雁兄在古城西安相识。当时，我俩均在京城就职，但西安却成了我俩共同的魂牵梦绕之地。西安对于他来说，是故乡，秦人秦地，自是不离不舍，总是"常回家看看"；西安对于我来说，却另有一番情缘：两个女儿先后在那里读大学，女行千里父担忧。那段日子，逢有出差或长假，我便急不可耐直奔西安而去。说来很巧，本报原驻陕西记者站站长老孟是抒雁就读西北大学中文系时的学弟，俩人都是性情中人，抒雁每次回西安，必与老孟欢聚。而我每次去西安，总要与老孟晤面。就这样，老孟成了抒雁兄与我之间的搭桥人。有两次，抒雁兄与我同时出现在老孟的饭桌上，这无疑是一种缘分。你想想，同在北京工作无缘相识，却不约而同地几次相会于古城西安，这种缘分实在是大得去了！

头次与抒雁兄相遇，是在西安文化艺术界名人的一次聚餐上。除了抒雁与我之外，有陕西省话剧团的著名演员，有陕西著名书法家……老孟做东，来的都是老孟的朋友，故彼此无拘无束，交谈甚欢。抒雁兄很快成了"饭桌"上的中心。他爱说笑话，一本正经地娓娓道来，像是在叙述一件刚刚发生过的真人真事。突然一抖"包袱"，原来是笑话，逗得大家前俯后仰，几乎要笑破肚皮。其他人说话时，他偶尔插几句，看似随意，实则精彩。他身上有一种时间酿出的诗性和苦难炼制的神性，和他在一起，每一分钟，都令人心旷神怡。

我俩很快成了朋友。后来，老孟来北京，我与抒雁兄总要和他一起出来坐坐。我还曾与老孟一块儿去抒雁原在《工人日报》的家中串过门。再后来，抒雁家搬至安贞桥边的胜古家园，干脆就住到了我家楼上，我俩又变成了共进一个楼门的近邻！

其实，早在我参加工作之初，雷抒雁的名字就如雷贯耳。我是他的忠实读者。他的诗歌脍炙人口，尤其那首悼念张志新的长篇政治抒情诗《小草在歌唱》，代表着那个时代的激情，振聋发聩，不愧为彪炳史册之作！他的散文更令我倾心，那是用心写就的东西，和当下充斥市场上用来换钱换房的那种东西天差地别，对于我研习散文写作帮助甚大。二〇〇〇年，我的第一本随笔集出版，自然就想到了抒雁兄。请他为书作序，他满口应诺。不出三天，就将序言送来。下面是他为我的随笔集《揽世看涛》撰写的序言。如今，序言依旧闪烁着光芒，抒雁兄却离我远去！我在地上，他在天上，阴阳两隔，再也见不到他了。悲哉！

附：

## 《揽世看涛》序

雷抒雁

从新疆刚回来，一颗心还在天山的雪峰上，在喀纳斯湖碧绿的湖水里，在巩乃斯草原开花的原野上，衣服上准格尔盆地的落尘还未及洗，就接到了曾坤先生的书稿，这是让人愉快的阅读。

曾坤先生曾经多年在新疆从事新闻工作，南疆北疆，没有不曾到过的地方。和他一起又说起新疆的广阔与绮丽，如同又回到新疆，又闻到那里的花香、奶香，又品味到烤羊肉和拉条子的滋味。

曾坤先生干记者数十年，走南闯北，见多识广，博闻强记，朋友相聚每每谈起海内海外事，他总有不俗的谈吐让人兴奋。他的许多文章散见在报刊上，但有许多写不成"正规"文章的见闻，只好"烂在肚子里"。对一位新闻工作者来说，这是常有的事，甚为可惜。

但是，这一本《揽世看涛》，却弥补了这种遗憾。曾坤把他这几年访问中亚各国，访问罗马尼亚、德国以及澳大利亚诸国的随笔和日记原原本本汇集一体，献给读者一个真实多彩的世界。这些作品，不是为了完成新闻任务而写的"新闻文章"。提炼与剪裁固然也会有，但外部世界的真实面貌，作者真实的见闻、思考和掩不住的真情实感流露，统统坦陈在读者面前，虽说是多年前的文字，至今读来仍然新鲜有趣，开人眼目。

曾坤中亚之行，是苏联解体之后不久的事情。这些"年轻"的国家，其时百事待兴，美丽的环境里，因为国家机制建设的尚不完善及物资的短缺匮乏，正经历着种种困难。但是，我们从那些困难中，却仍然能感受到这些民族建设祖国的强大自信和毅力，以及对中国人民友好的情谊。作者的日记，写了吃住、起居、会见、采访，十分自由和随意。以一双普通人的眼睛，导游着读者亲历其境。尤其是他写吉尔吉斯斯坦共和国总统阿卡耶夫的儒雅风趣、平易近人，使人油然而生敬意。

这些鲜活的文字所记录下的见闻，见证着一个特殊的年代。世事如海，总会潮涨潮落、涛起涛伏。曾坤先生以"看涛"者的眼光，观察了中亚诸国国事的起伏，冷静思索，热情祝愿，毫不掩饰思想和情感的流露。同样的文字也给了剧变前的罗马尼亚，让人读后思绪起伏。

而对于德国和澳大利亚这样一些发达国家的访问，就显得轻松多了。文中既有对这些国家经济发展的记述和思索，也有对他们古老文化、奇异风情的惊叹和赞赏。许多文字写得细致和精美，读来使人口齿含香，如同品味了一篇篇优美的散文。

曾坤先生毕竟是一位资深记者，虽说，也有一般游客对世界的迷恋和惊奇，但他敏捷的目光里总有一种职业性的犀利和透彻。他能从文化差异、政治趋向、经济发展、人民情绪等一些大处把握世界的温凉。写出了许多利国益民的好意见。尤其是写到中亚与新疆的许多交流与发展，更见他多年研究分析那里情况的精确与深刻。这就不是一般游客观涛所能具有的眼光了。

说起来，新闻与文学总是隔着一道"岭"，新闻记者读作家的文字，常觉其啰唆和夸张；作家读记者的文字，又总嫌其干巴和直露。其实，一个好的记者与一个好的作家尽可以在这道"岭"上打通一条隧道，相互通畅，二美兼备。曾坤先生的许多文字，特别是"澳洲拾趣"一辑，就是不错的散文，可以给人许多美的享受。多有几种文字，便是多有几种眼力，也便能多找几种新鲜视角。地球是圆的，世事混浊，万物杂呈，没有几种眼力行吗？

读曾坤先生书稿，是一种愉悦，记下一点凌乱感触，怕不能算作序文。

2000 年 7 月 20 日 北京

# 范总，您不该走得这么早

二〇一〇年十一月十三日晚临睡前，又上网浏览了一遍，不料竟看到刚刚刊出的范敬宜病逝之消息，急忙唤太太过来看，我俩又一起读了这条简讯："人民日报社原总编辑范敬宜于今日13时42分因病抢救无效，在北京医院去世。享年七十九岁。"

沉默，相对无语。来到卧室，我正在洗漱，太太过来蓦地冒出一句："老范身体挺好的，怎么说走就走了呢？"我无言以对。大半夜过去了，太太还在不停地翻身，直到天麻麻亮才睡着。而我无论如何睡不着，只好起身来到书房。

在本人担任《人民日报》记者部主任期间，正好是老范担任《人民日报》总编辑那几年，属他的直接部下。而这期间，笔者太太与范总夫人吴秀琴又是同事，而且是面对面、桌对桌同一处室的同事，彼此相知较深。那时，中国记协还在离人民大会堂不远的西交民巷50号老址办公，老范只要来人民大会堂参加活动，总要抽空来老吴和我太太俩人一间的办公室坐一坐，无拘无束地聊上一气，情同一家人。说实话，太太与老范夫妇的关系，相比我同老范这种上下级关系要亲近得多，真诚得多，亦单纯得多。所以，范总曾书赠我夫妇一幅珍贵的书法作品，还是通过他夫人老吴送至笔者太太手里的。

在我的记忆中，我这个部下与范总仅有过的几次单独接触中，除了谈稿子和版面上的事之外，似乎再没有谈过其他任何事情。他属于那种文人气很足的高级领导，疏于周旋，没有官气，说话温文尔雅，语速很慢，声调不高，娓娓道来。不曾见他对部下发过火，至少没有对我发过火，哪怕是一句重话也没说过。

我们之间的往来多以文字的形式进行。那一年，记者部策划了一个大型系列报道计划，主题定为"访读者想知道的地方"，报请他终审，他大为赞赏。尤其是当第一篇稿子、陕西记者站站长老孟采写的"美哉，米脂婆姨"一稿送至他案头，他亲自撰写了"开篇的话"，并决定放在一版隆重推出。后来，这个栏目先后推出了十多篇稿子，每篇都由他最后亲自把关修改，字斟句酌，不但内容诱人，而且篇篇堪称美文，在读者中引起很大反响。过后，范总亦常常提及这一组报道，赞不绝口。

在笔者看来，老范绝对算得上一个勤勉的总编辑。他在担任《人民日报》总编辑期间，几乎将自己常年埋在稿件堆里。所有送达他案头的版面大样，他一字不落都要看个仔细，任何差错都逃不过他的火眼金睛。而且版版都留有他改动过的墨迹和批语，天天如此，周而复始。当时，记者部办有一块专版《各地传真》，每周一版，最后的大样亦要送他终审。可以说，凡经我手送去的大样没有一期是一字未动退回来的，全部留有他改动过的痕迹，并都写有精到的批语。记得一九九七年六月我重返新疆采写过一篇散文式通讯"万驼之乡巴里坤"，放在《各地传真》版上，他审阅这期大样时，特别将我的文章画圈并在旁批注道："此文写得很精彩。"我看了反倒坐立不安，心里在猜测，范总这是否在鼓励、暗示我们这些做部主任的要多下到基层去？带头多写稿啊？

笔者与范总同在一层楼上办公，我的办公室离他那就十几米远，但碰面的机会除了开会，在走廊里几乎没遇到过。他连去食堂吃中午饭的时间都抽不出来，时不时由别人代劳将饭菜打回在办公室吃。试想，仅一天要看几十块版（每版一万字）这一件事，就如同抽筋剥皮一般够他受的，遑论别的。但他乐而不疲，还硬给自己加码，坚持每天撰写"编辑手记"。数年下来，一本厚达几十万字的《总编辑手记》出版发行了，堪称中国新闻出版史上的一部巨著！

自从二〇〇一年底离开本部外任迄今，我和太太再也未见过老范夫妇，但彼此间的挂记始终念兹在兹。每逢新年来临，相互都会收到对方寄来的贺年卡，年年不落。记得有一年我的散文《平实的富人》获"全球华人诗歌、散文大赛"三等奖，范总从《新闻联播》上看到后，马上发信息给我："从《新闻联播》上看到你了，祝贺！什么时间回京，咱们见面一叙。范敬宜"

但是，每次回京，总是匆匆几日，加之百事缠身，根本无暇去万寿路看望老范。前一段听说老范中风了，心里惦念不已。但不久就见他的博客更新了，既然能写博客，想必是康复了。于是，和太太商定，今年年底一定要去看望老范夫妇。

没想到，实在是没想到，他竟然撒手人寰！在人类寿命已经迈向新的高度的今天，他却以离生命极限还差很远的七十九岁寿辰不幸逝去。范总，您真不该走得这么早啊！以您的读书业文，以您的万折千磨，以您的大巧若拙，以您的心地纯洁，以您的悠然忘我，以您的善良敦厚，这世界太需要您了！

# 悼老潘

二〇〇七年三月三日，记者部原办公室主任杜峻晓发来一条信息：潘帝都于二十四日去世了！这是我辞去记者部主任之后的近六年中，从原来"部属"那里直接获取的第二条有关原部门的信息，而且都是"死讯"。前次是吴坤胜之死，不由得拽着我早已皈依恬淡的思绪又回到从前，孱弱温和的"小吴""折腾"了我好一阵子，忧伤总也挥之不去。还不到一年工夫，曾被我认为"活出自己本色"的"潘嘟嘟"又走了，只有六十九岁。上苍啊，生命的长度就这么难以追求吗?! 心口一阵堵得慌，欲吐为快。

对潘帝都的真正了解，是他办退休手续之后。我去了一趟福州，一是为福建记者站新老交替做点铺垫工作，二是想当面听取老潘对后任人选的意见。整整三天时间，我和老潘及他家人面对面地接触，敞开胸怀直吐胸臆。也许只有人在边缘，精神才更加清醒，眼睛则更容不得沙尘。老潘掏心掏肺给我讲了许多，用他几十年公职生涯的冷暖，共同品味七色人生，大彻大悟，相知甚欢。

老潘是个率真的人，心直口快。他若心里有事，非找人说个透彻不行，嘀嘀嘟嘟，语速极快，一刻也不停。加上一口闽南口音，听者必须全神贯注，思维方能跟得上。故而，大伙儿给他起了个善意的绰号："潘嘟嘟"，公开叫他，老潘乐呵呵应之。其实，按医学界的说法，语速快的人，特别是老年人，说明脑子聪明、好使，人显得年轻。这很符合老潘的身体状况。比起同年龄的老赵、老王等同事，老潘的体貌要清奇得多，神态要潇洒得多。更有甚者，他走起路来快步如飞，连比他年轻许多的人都撵不上。所以，谁要夸老潘身体棒极了，老潘总掩不住得意、自信的神态。他告诉我，自打办了退休手续后的头一天起，他就每天早上七点按时去住家附近的保龄球馆打上一小时的保龄球，因早晨八点以前价格便宜，一小时只需十元钱。舍得在身体健康上投资，这一点，还是他头一个启发的我。在边远地区待久的我，过去只知道舍得花钱买吃的、穿的，从未想到还要花钱买健康。心里暗想，老潘活到一百岁绝非上限！

万万没有想到，我原以为，一个彻悟人生真谛的人，一个满怀生命热情的人，一个依照自己的真性情痛快活着的人，是会活得很长久的。谁知，他也被上苍急促地唤走了！！死是最令人同情的，因为物伤其类：自己也会死。何况是自己熟悉且又交过心的人。

老潘，我不能去为你送行了，仅以此文献于你的墓前，天堂再会！

# 陈师长与"白色革命"

　　缘分这种情结确实有点神道儿，掐指算算，我来东南沿海工作生活转眼已十一年了，不料想近日方与在珠海定居二十多年的陈师长不期而遇。我们都从那"火红"的年代走来，都从那遥远的边疆走来，最终远行至此，实在太难得、太不容易了。老话说，该遇到的迟早会遇到，这就叫缘分。

　　陈师长名叫陈冰，曾任新疆生产建设兵团农八师师长兼管石河子市行政工作（中国唯一的师市合一体制）。他在师长任上，我与他有过多次碰面，虽没怎么交谈，但彼此都记得对方。那时我任《中国青年报》驻新疆记者站站长，初出茅庐，年嫩资浅，对地方上复杂的官场生态一窍不通。加之《中国青年报》为一张群众团体办的"团报"，在地方政治舞台上"人微言轻"，摆不到各级党政领导的台面上。尤其党政"一把手"阅读《中国青年报》的微乎其微，我作为《中国青年报》记者，当然也就不太被看重。故而与陈师长这种权倾一时的地方行政"诸侯"套近乎，说实话也不太容易。何况陈师长本身就是一个近乎工作狂，不善于亦不乐意与媒体打交道的人。他最终记住我，我猜测一个原因是我扮演的角色后来发生变化，由团中央机关报《中国青年报》调到党中央机关报《人民日报》当记者。作为党中央机关报的记者，"分量"显然比之前要重得多，与新疆地方各级党政机关打交道的机会亦多得多；加上我在新疆当驻站记者前后达十五六年，历时漫长，好歹在新疆读者面前混了个脸熟。

但我记住陈师长，却因其所做出的迄今不为外界所知的突出贡献！他曾在农八师师长任上，带头掀起过一场"白色革命"，如掀天之浪，似红旗漫卷，迅速席卷全国，并由此带动自然条件严酷的新疆种植业来了一次"咸鱼翻身"。其功莫大矣！

所谓"白色革命"，即现今早已普遍应用的地膜覆盖栽培技术：把透明的塑料薄膜覆盖在耕地表面，在膜下播种保水、保温促进农作物幼苗生长；这种措施在低温冷凉、无霜期短、热量不足的地区起到增温保墒、增产增收的效果。

早在二十世纪四十年代，地膜覆盖栽培技术就已在咱的邻国日本兴起。不幸的是，长期处在外强封锁和自我封闭状态中的华夏大地，对近在咫尺的这一文明成果竟一无所知。直至二十世纪七十年代末，国门终于打开，农八师农科所从国外资料中发现了这一技术，并报师领导建议试验。陈师长立即拍板定夺，以振衣千仞的气魄，将这一农业技术迅速在整个石河子垦区"遍地开花"，进而遍及全疆。为新疆农业科技的普及，为农产量大幅提升立下了头功。

先说说这个陈师长。时隔三十多年后相遇，我俩头上的一切名号、头衔全都抖落了，只剩下一种跨越时空的人间至情。他已经是八十六岁高龄的耄耋之人了，但毫不夸张地说，怎么看也与八十六岁毫不相干。毛发浓密，腰板笔直，脸手部位无任何老人斑，耳不背，眼不花，既抽烟，又喝酒，举手投足之间，透出一种无忧无虑的从容与安详。谁会相信，迄今他还经常自己亲自驾车呢！看来，生命对于像陈师长这样一位总想干一番事业的人，确实一点也不吝啬。遥想当年，他就曾作为新疆司局以上领导干部中第一个自己开车、第一个穿西装扎领带、第一个提出新疆改革开放十条建议震动新疆党政决策层的人，被官场刮目相看。

今天来看，地膜覆盖栽培技术只不过是一种技术含量并不高的栽培技术。可在二十世纪中后期的九百六十万平方公里宇内，创新何其艰难，更何况地处西北边疆的内陆边民。陈师长的号令显然得不到响应，各团场以各种理由不愿去挑这个头，担这个风险。无奈中陈师长决定将地膜覆盖栽培技术"强压"给了自己"蹲点"的一四四团来试种。为打消团场顾虑，陈师长主动将自己的工资与一四四团当年的经济效益捆绑在一起，大有一不做二不休之架势。

位于天山北麓准格尔盆地南缘的一四四团，自然环境十分恶劣，一片荒瘠的白茫茫的盐碱地。加上干旱缺水，采用地膜种植技术前，皮棉亩产仅有五十来斤。一九八四年开始，团里按陈师长的决定拿出两千亩棉田试验地膜覆盖栽培技术。岂料一炮成功！秋后收获棉花，最低的亩产增长60%，一般都增长100%。而一亩地膜成本才一二十元，当年一四四团收入就打了翻身仗。示范效应成了一把有推广价值的尺度，随之，各团纷纷效法。结果，喜讯接踵而至。为此，笔者曾深入到距石河子市一百多公里的一四八团十连，亲自查看该连团支部种植的一片业余地膜棉试验田。时至深秋，二十三亩地膜棉试验田已丰收在望。笔者与邻近同一品种没有使用地膜技术的一块棉田做了比较，竟有天壤之别！前者伏前桃多，平均每株结桃十七八个，最多的一株棉桃多达七十个；后者平均每株结桃只有五六个。据介绍，前者比后者还早出苗半个月。

地膜棉优势在大面积的种植中进一步得到验证。陈师长乘势在师里投资建了石河子市地膜制品厂，同时将"地膜覆盖栽培技术"扩大推广至玉米、甜菜、西瓜、甜瓜和蔬菜等农作物种植上。其中棉田地膜覆盖率100%。地膜覆盖栽培技术的试验成功和广泛推广应用，开创了兵团科技兴农的新时代。地膜植棉技术的成功，使广大农民看到了成效，在天山南北迅速掀起了一场"白色革命"，地膜植棉从平原铺到山区，从棉田铺到瓜果菜地，一九九〇年全疆地膜植棉五百三十六万公顷，占棉花总播面积的85%，成为全国地膜面积最多的省区。玛纳斯县二〇〇四年播种棉花四十三万六千七百零六亩，总产量五万三千三百七十吨，平均单产一百二十二点二公斤，全部采用地膜植棉。如今，新疆地膜种植覆盖面积年均在六千万亩左右。

一九九〇年，中信集团发函要调陈冰去该集团任职。时任中共新疆维吾尔自治区党委书记的宋汉良坚决不放人。亲自召见陈冰同志劝说：你是对新疆"有特殊贡献的人"，新疆不能放你走啊。可陈冰决心已定，信奉"功，也不长久，名，也不长久"的他，义无反顾地选择了离开，调任中信集团深圳中国中海直总公司工作。

# 为"老杨"离任感言

那天晚上，国家广电总局派驻澳门的"全权代表"杨杰女士就将结束任期，打道回京城了。掐指算算，她任期已满七年零七个月，超过我在澳门的任职时间，一跃而升为迄今中央媒体驻澳机构中滞留时间最长的人。我们都把这视为是一种"幸运"。

但凡来澳门工作的内派干部，都有个任期年限。绝大多数三五年就得离任，有的甚至刚满两年就必须返回，一天都不准拖延。所以，大多数人走得甚是难舍，别情依依。可以看得出来，澳门这地方虽小，却有着别样的风采与魅力。像杨杰这样能待过七年多的人实属"个案"，故而更值得庆幸。

杨杰比我小好多，按理说我应称其"小杨"。这是传统习俗，何况大多女同胞的心态都希望自己在别人眼里"少相"一些。但这回我却多少有点"不识时务"，初次见面就直呼其"老杨"。一来被她老成持重的"外表"所迷惑：齐脖短发，不烫不卷；白皙脸庞，粉黛全无；衣着朴素，落落大方，一副国家大机关女官员特有的那种"扮相"；二来事先获悉她是从国家广电总局"司局级"领导岗位上外派的大员，与表与里都觉得称呼她"小杨"欠妥，故脱口叫她"老杨"，一直坚持叫到她如今离任。好在新闻界并非官场，对

"称谓"锱铢计较的风气虽亦渐次升腾，但毕竟还有别于官场，尚不甚弥漫与普及，关键是"老杨"本人并不在意这样叫她。

其实，称呼她"老杨"，我心里自有一种认知："老"等同于成熟。"老杨"在澳门实际职位是"广播电视总局驻澳门记者站站长"，实际也就她一人。站长是也，站员亦是矣。严格地说，"广电记者站"属于中央媒体驻澳机构中的"另类"。因为广播电视总局属于国家行政管理部门，并不负有媒体功能，更没有派出记者站的责任与必要。当年国家广播电视总局为何要在港澳地区专门设立记者站？对此许多人曾提出质疑。不料想"老杨"用她七年多的宝贵光阴，终于为当年设立"记者站"的必要性与可行性做出了令人信服的诠释，至少使周围的人明白"广电总局驻澳门记者站"的存在与作用是合理的一种创新"举措"。从这个意义上讲，"老杨"可谓是为广电总局立了头功的。

按广电总局的规定，"广电记者站"的职能系负责管理"三台"派出机构，即中央电视台驻澳门记者站、国际广播电台驻澳门记者站、中央人民广播电台驻澳门记者站。但实际上"三台"记者站除了新闻业务"各自为政"外，人、财、物亦自成一体，与"广电记者站"毫无隶属关系。如今的上下级关系，若抛离了其中的利益牵制因素，等同于平等关系。身为"广电记者站"站长的"老杨"，上任伊始即处在这种根本无从使上劲的关系之中。据说老杨来澳门之前在广电总局外事局主管局办公室工作。我晓得，国家机关的"办公室"乃处于整个机关的中枢位置，系机关最高首长的胳膊与腿向外"延伸"。要想首长之所想，要为首长之所为，上传下达，左右联络，八面交好。其工作特点在于事无巨细必须面面俱到，不得有任何闪失，更不能顾此失彼。显然，"老杨"将这一套职能娴熟地融入"记者站"的职能中。不过，如今不是为"侍候"首长，而是将服务对象下移至"三台"记者站身上，进而延伸至友邻记者站身上。

每逢中央"三台"领导来澳门，"老杨"笃定要与该台记者站同志一起出面"接待"，或请吃饭，或去机场接送，或礼节性地拜会一番。总之，利用一切机会想方设法替"三台"驻站记者"代言"，当面向其顶头上司陈述他们的工作业绩、所遇困难、个人的一些苦恼以及自己所不便向上级当面陈述的事宜。"老杨"扮演的这个角色，即顺理成章又恰到好处，当然为"三台"记者站的记者求之不得。而"老杨"亦很快将这些视为自己义不容辞的工作职责之一，纳入到日常工作中去。一次，某台人事部门的主管专程来澳门考察属下记者站一名记者的"现实表现"。熟悉官场运作的人都清楚，对这位被考察的记者来说，考察结果的好与坏，将决定这位记者的未来前程。

所以，找谁谈，谈什么，更成了左右考察成败的关键。此时此刻，"老杨"的作用或者说"广电记者站"的作用一下子凸显出来。尽管平时"老杨"实际上只是"三台"记者站名誉上的"管理者"，但在组织考察程序上却无论如何绕不过她去。因为一是职责所系，找谁谈都不能不找她谈，找谁谈都不如找她谈符合程序，够资格；二是有不被任何人为干扰所撼动的客观视角。因为"老杨"与"三台"记者站之间平时没有任何人、财、物上的交错，立场超然、客观。因此，她的"表态"就非同小可，而且与其他"证言"材料相比，有着绝对的权威性与可靠性。

虽然这位被考察的记者最终也不清楚"老杨"究竟对考察者谈了什么，但考察过后不久他即被调回台里提拔当了副处长，充分说明"老杨"这一张赞成票是铁定投给他了，他从内心深处很感激"老杨"。这件事也让"三台"记者站所有记者都体会到，如果没有"广电记者站"这样一个忠实的、只推磨"不干政"的"婆婆"，没有像"老杨"这样一位富有经验的大姐替他们周旋、服务，仅凭自己单枪匹马，在远离单位、远离领导的地方工作，即便累得吐血，台里也不会明晓。即便你自己去表白，更不能使人百分之百地相信。其实，这也是中央媒体驻外记者站或分社管理中始终没有得到很好解决的一个老大难课题。

驻外记者站说起来实行的是由媒体与驻地有关部门双重管理以派出机关为主的管理体制，实际上都没法管到位。一方面，记者站远离大本营，远离领导，独自在外工作，由大本营垂直管理始终缺少行之有效的管理办法与途径；另一方面，依靠驻地"代管"因驻地与记者站之间存在着若即若离的报道、利益关系，加之隔行如隔山，亦无法做到有效、客观、公正的"管理"。如今，"老杨"统驭下的"广电澳门记者站"为此进行了一番新的探索，特别是充分调动记者站积极性的同时，加大对记者站的监督管理力度，消除管理上的种种漏洞，达到了既在其中、又置事外的管理目的，可以说是"蹚"出了一条管理体制上的新路子。

回首"老杨"驻站近八年历程，她不仅用自己的一言一行将一个没有新闻功能的"广电记者站"变成各种政治场合不可或缺的一员，不仅在凝聚、协调"三台"记者站团结上发挥了中枢作用，而且在凝聚、服务于整个内地驻澳新闻队伍上，在沟通、连接内地驻澳机构与中联办之间关系上都发挥了重要的作用。并在这个过程中，将一个没有新闻功能的独特的新闻派出机构之职能，逐步归纳为替"三台"记者站当"代言"人、调解人、贴心人、好后勤的角色定位，为如何管理好远在千里之外、孤雁单飞的驻外记者队伍提供了一个成功的范例。

除我之外，媒体其他人都尊称杨杰为"杨大姐"，显然都不是冲着她的年龄而去。她细致周到的工作方法，她善于与各种人打交道的技巧，她无微不至关心同志及朋友的热情，及善良正派的品质等等，都展示出她的历练与成熟，展示出并非所有的人都能达到的一种境界。周围同事、朋友称她"老杨"，称她"大姐"，表达出的是一种对她的尊敬，如此而已。

此文收笔的时候，正值"老杨"登机起飞离开澳门的当儿，算是为"老杨"送行的一份礼物吧。

# 想起了塔什干大地震

四川汶川大地震发生后的那些天，地震的阴霾始终笼罩着全国，短时间挥之不去。因为它实在太惨烈，太无法忍受：短短几分钟之内，近十万人竟被生生"活埋"，几十万个家庭瞬息被拆得妻离子散！长恨绵绵无绝期，乱红飞过秋千去，一切善良的人们会永远记住这一瞬间，永远诅咒这该死的大地震！

然而，人类也必须清醒地看到，地球对人类的"偷袭"，并不会因为这悲惨境遇而有丝毫收敛，亦不会因为人们的憎恨而卷起铺盖跑掉。必须得有这样的心理准备，也无法不有这样的心理准备：地球对人类的"偷袭"或"惩罚"，必然会随着人类对地球"虐待"的加剧而愈加变得疯狂，这是不以人的意志为转移的客观规律。远的不说，近半个世纪以来，发生在我们周边地区的毁灭一个城市的大地震就不少，如唐山大地震和中亚名城塔什干大地震，两次大地震之间相距仅十年。就是说，时空转换，差不多十年一个轮回，地球就会向人类发动一次"核"袭击！

一九九二年四月十八日，我们一行三人从邻近的吉尔吉斯斯坦共和国首都比什凯克出发，乘跨国大巴行驶了整整十二个小时，方到达刚脱离苏联不久宣布独立的乌兹别克斯坦共和国首都塔什干。

说句老实话，没来这里之前，对塔什干的了解仅限于它是"中亚地区第一大城市"，其他一概不知。也许正因为如此，东道主《乌兹别克之声》报同仁得知情况后，一大早就带我们先来到市中心列宁广场附近的地震纪念碑参观。纪念碑是一块巨大方石，一面有裂缝，裂缝代表大地震的惨烈；另一面刻有一钟面，时钟指针永远指向凌晨五时二十四分，那是地震发生的时刻。一九九六年四月二十六日凌晨五时二十四分，塔什干市爆发七点五级（有说九级）大地震，顷刻之间，将塔什干几乎抹平，死伤无数。

因当时苏联当局对外封锁消息，所以，究竟死伤多少，造成多大损失，一直是个谜。再三追问当地媒体同仁，回答说死亡至少有几十万人吧，因为地震当时，大多数居民正在酣睡之中，根本来不及躲避，甚至尚没弄清楚到底发生了什么事，就永远永远地消失了。直到此刻，我才知道塔什干曾经发生过一次大地震！真是孤陋寡闻啊，我霎时感到一种莫大的悲伤，即为乌兹别克当年的悲惨境遇深感痛心，更为中国最大媒体的记者居然对邻近国家曾发生过这么巨大的灾难浑然不知而羞愧万分！

但是，眼前的塔什干，俨然如同一座新型的欧洲化的城市，新建的歌剧院、电视台、运动场等大型公共建筑和高层住宅，造型明快，间以街心花园、喷泉和大型雕塑等，十分醒目。如果不是这座地震纪念碑，如果不是主人向我们叙说那段令人伤感的往事，我无论如何不会相信这里曾经遭受过如此巨大的灾难。原来，灾后，当时的苏联政府凭借其高度集中的计划经济体制，举全国之力，援建这座劫后余生的古城，要求全苏十五个加盟共和国每国义务"承包"一条主要大街，建成后，以其共和国的名字命名。于是，各加盟共和国迅速调集最优秀的建筑大军，抽调最优秀的设计师，筹措最雄厚的资金及材料，赶赴塔什干昼夜不停地为援建的"大街"奋战，谁都想抢头功，谁都想在第一时间完成最高苏维埃交付的神圣使命。才短短两三年工夫，一座新城便拔地而起！陪同我们的《乌兹别克之声》报副总编无不留恋地说，只有在那种体制下才可能创造出这样的奇迹。

而今，四川又面临如同乌兹别克一样的境地。身处举国救助四川地震灾害火热悲壮的氛围中，自然而然想起塔什干大地震，那流逝的追忆中，几多悲伤，几多期许。其中更锁定一个悠长的话题：人与自然，注入我不尽的思索中。

第三辑　人生滋味

# "老钱"纪事

"老钱"，是中共中央机关报大院内对第五任社长钱李仁的称呼，就像他的前后任秦川和高狄被称为"老秦""老高"一样。二十世纪八九十年代，人民日报社内所有同事之间是不叫官衔的，一律以"某某同志"或"老张""老李"相称。堂堂的中共中央委员、共和国正部（正省）级干部，被属下当面直呼"老王""老张"，搁在今天，恐怕称谓双方均感到别扭：称者，唇绊着舌，绊不过来；被称者，愕然不恭，阴影留心。

事有凑巧，马年春节前家里大扫除，老伴将我积存了十多年的一大塑料箱"贺年卡""明信片"清理出来，准备当垃圾扔掉。幸亏扔前问了我一声，我急了："这个怎么能扔掉啊！"奔过去像母鸡护小鸡一般，夺过笨重的塑料箱，移步客厅中央，将箱子放在地上，打开箱盖，上千封五颜六色精美的贺年卡、明信片立刻呈现在眼前。我指着令人眼花缭乱的贺卡埋怨老伴："这多珍贵啊！它既是数十年友情的见证，更是一个时代的印记。你没察觉到今年开年至今，咱们连一张贺年卡、明信片都没收到吗？"我加重语气说："以后贺年卡、明信片可就成了稀罕物了，今后这箱贺卡的价值有的升呢。"

话一出口，自己都觉得出彩。或许这喧嚣一时的贺卡浸透着某种归结性的意义，不知怎的一下子就联想到了"老钱"。这种思维的跳跃，显然是前后比照喟叹于心引出的结果。老钱任人民日报社社长那会儿，我刚由《中国青年报》驻新疆记者站调入《人民日报》驻新疆记者站工作，按部队一句流行语，是个"新兵蛋子"。且不说我与他级别上差着十万八千里，京城与边疆之间的距离亦差着上万里。一个是"蓬间雀"，一个是"云中鹤"，其实，蓬间雀与云中鹤之间差距岂能以道里计！

没接触老钱之前，在我心目中钱社长绝对是一个高高在上、翘首仰望的主儿，敬畏得很！记得头一次回北京总社"值班"（当时记者部有个规定，每位驻站记者必须轮流回"部"里当值班编辑一个月），一天三顿饭在报社北区食堂就餐。那会儿没有精美的饭食和豪华的庭宇，也没"自助餐"一说，每顿饭都要端着自己的碗筷，怀揣饭票，排队等候在长长的打饭队伍中。早晚饭时人少，等候的时间不长，一到中午饭，全报社职工几乎都在食堂就餐，不排队等候个十来分钟，就甭想吃上饭。

每逢此时，报社啥人都见得着，不管在外多么有名气、有"范儿"的主儿，像刘宾雁、金凤、柏生等这些当年的"大腕"记者，还是报社处室、司局、省部各级握有权柄的领导，通通端着碗筷，乖乖在这里排队等候打饭。不是排在我前面，就是排在我后头，彼此聊着天，有说有笑，没有高低贵贱之分，社长钱李仁就是其中之一。大家早已司空见惯，谁也没有觉得有什么"新风拂面"之感。唯独我这个刚从外单位和省城进到"大观园"的新面孔，心里落差一如九天瀑布飞流而下，鼓荡胸襟。

那是回报社值班的第二天早餐，我与同回报社值班的其他驻站记者正在北区二楼餐厅就餐。就在这时候，只见一位白发飘然、身材不高略显微胖的长者，端着碗筷稳步由楼梯口上来，一边向打饭窗口走去，一边面朝我们方向温和一笑。我悄声问身边同事："他是谁？""老钱啊！噢，你不认识他啊？"同事补充道，"就是咱们社长钱李仁啊！"

我大惊，盯住钱社长正在打饭的身影上下仔细打量了一番，除了正装正服之外，看不出有任何伟岸过人之处。但这场景：一个堂堂的正省级干部，报社一把手，自己端副碗筷，来职工食堂打饭，身边无任何跟班，不禁令我眼前一亮，心生敬慕："太不一般！太不一般！"心想，这要是在地方，绝对是一条爆炸性新闻，我非得逮住它不可。但环视周围，似乎除去我，其他就餐者一个个处惊不怪的样子，我不得不强压住自己的情绪。满腹的慨然喟叹只好烂在肚里了。

我正式被当面介绍给老钱认识，是一年之后回总社参加驻地记者全会。那是在报社五号楼二楼大会议室，全体驻地记者向报社中层以上领导汇报驻地社情，这是当时本报一年一度驻地方记者全会上一个必不能少的内容。与会者围坐在偌大的椭圆形会议桌周围，驻地记者与几位社领导包括老钱围坐在前几排。汇报会开始前，时任记者部主任丛林中点名让驻地方记者一个个站起来介绍给与会领导。

然后，老钱开腔了，很平静，音量不大，没有开场白，直奔主题，简洁明了："办报最关键的一条，是对社情民意的深入了解与准确把握。诸位都来自各省、区、直辖市第一线，我们最想听的就是你们在一线目睹到的真实情况，请大家择其要点，有好说好，有差说差，畅所欲言。"

驻地记者一个个争相发言，气氛热烈，不时迸发出火花。驻某省一位首席记者汇报中谈到前不久跟随党中央总书记胡耀邦在当地一个农贸市场视察时，市场公然造假蒙骗总书记的一个情节：有关方面早在前一天就做了"精心准备"，将市场上出售的主要农副产品价格标牌上的价格统统改写，比平时价格"降低"了许多，企图给总书记营造一个"物丰价廉"的假象，总书记前脚刚走，后脚价格又重新改了回去。

老钱当即插话：如果核实无误，你马上写份情况上来，交内参组报中央！这一番铿锵作响、态度鲜明的表态，令常年孤身在外的驻地记者备感振奋。会后大伙儿议论说：有这样强势正直的领导做后台，我们还有什么可畏惧的？直到今天我也描绘不出当初听到老钱这番插话的心情，我几乎惊愕了。看似再普通再顺理成章不过的"插话"背后，喷涌而出的是凛然大气与直撞心怀、滚滚而来的正能量！这难道不是在向我们面授做一名正直敢言《人民日报》记者的真谛吗？我为自己能跻身这支队伍庆之幸之，为有这样的引领者庆之幸之。

说来我与老钱缘分不浅。一九八七年六月二十二日，《人民日报》驻新疆记者站成立招待会在乌鲁木齐举行。万万没想到老钱竟亲自飞来主持成立大会，由于他的莅临——一位身居要津、前中共中央联络部部长、现任中共中央委员、《人民日报》社长，成立大会的规格"嗖"的一下就上去了。那天，时任新疆顾问委员会主任的老一辈无产阶级革命家王恩茂，以及宋汉良、铁木尔·达瓦买提、贾那布尔、冯大真等自治区党政军及新疆生产建设兵团等"六大班子"的主要领导同志，几乎"倾巢出动"，成为轰动当地新闻界的一件大事。高官齐集不仅为记者站开张增彩添色，更为记者站事业开创新局面，为我这个记者站首任"首席记者"的走马上任，奠定了高起点、大格局的坚实基础。

这回，老钱在新疆一共待了五六天时间。在与老钱朝夕相处的日子里，他是我所见过最具魅力和开明的党政高级领导人之一。给我最大感受就两个字：静远。你瞧他，无论何时何地，都一副静下心来的沉稳，一派融岁月、修养、阅历、眼界、胸襟的坦然，一身"明月青山自在怀"的平实。他对我，不，应该说对周围所有人，没有一点架子，更没有一丝做作、半句说教。我至今保留着老钱在新疆那段日子的采访本，翻遍每一页，没留下一句老钱做过的"指示"和"希望"。他是那种靠自身品行默默示范、引领属下的带头人。

记得有一次陪老钱外出考察归来，路遇堵车，比原定的时间晚到宾馆，稍稍延误了定于当晚自治区主要领导宴请老钱的开席时间。此时，包括王恩茂、宋汉良、铁木尔·达瓦买提、贾那布尔、冯大真等在内的自治区党政主要领导早已齐集宾馆，自治区党委办公厅及接待处的工作人员急得像热锅上的蚂蚁，焦灼地等候在宾馆大门口。一见我们的车驶入，赶忙挥手指挥车子径直开去餐厅。我也以为我们会直奔餐厅的，没想到老钱突然发话："先回房间换衣服。"我先是一愣，没明白什么意思。我的顶头上司、陪同老钱一块来新疆考察的记者部主任丛林中从旁轻轻点了我一指："让司机先去房间！"我这才对司机大声喊："师傅，先开到房间去！"

不一会工夫，老钱从房间出来，刚才一身休闲服转眼换成一身西装笔挺：黑灰色西服西裤，白衬衫，黑皮鞋，深蓝色领带，望上去格外风雅、庄重。我心里在说，哈！真给咱《人民日报》提气长脸啊。老丛悄悄对我耳语道："老钱过去长期在外交战线工作，养成一套严谨缜密的工作作风。像今晚自治区党政主要领导正式宴请的场合，着装整齐是对主人的一种起码的尊重。"我明白老丛的意思，显然是要我向焦急等待中的自治区工作人员做点解释工作。

在新疆的日子里，自治区上上下下对老钱的到访非常重视，并给予极高的礼遇，显然超出了一般工作接待。我能体会得到这其中的原委，这缘于《人民日报》在全党、全国的特殊地位，缘于对老钱这位静水流深般大智者、大学者的敬重。为此，老钱私底下与我聊天时，像是自省又像告白似的表达过这层意思：脱开《人民日报》这块招牌，我们什么都不是；特殊地位与高官厚禄非但不会成为受人尊重的条件，而且很可能因为你的名不副实、轻佻自大，反遭更大的蔑视。

岁月的波纹在荡漾，春去秋来，梅凋鹤老。这是一段令人无限眷恋的岁月，这是一段随着时过境迁愈加令人怀念的记忆，因为，许多记忆唯有时过境迁之后，方能明白其中的含义。掐指算算，自老钱离休迄今，已有二十五年之久未曾见到过他，也没他的任何信息。但我的精神血脉似乎一直与他联通，他亲身示范给我的处世为人的每一个细节，都锥钻刀砍般刻在我心底！

# 回望"中国新闻奖"

"中国新闻奖"作为全国优秀新闻作品年度最高奖、中国新闻界最具权威性的奖项,有人将它与美国的"普利策新闻奖"堪比,也有人将它类比于中国电影"百花奖",因为后者更为社会各界所熟知。不管怎么说,"中国新闻奖"五个字相信会在中国新闻史上留下一个鲜明的印记,因为这个"新闻奖"折射着当今中国、当今时代的价值标准和文化传统,更代表着当今社会的主流价值观、文化观。

"中国新闻奖"设立于一九九一年,迄今已评选了二十五届。二十世纪九十年代之前,中国新闻界各级各类新闻奖五花八门,杂斑纷呈,缺少权威部门的统一组织、协调,缺少自下而上的层层筛选,没有统一的评判标准及规则章程,更没有一个全国最高、最具权威的终审机构的定夺认证。所以,尽管每年全国及各省市区都有大量的"优秀新闻作品"评出,但获得的认可度普遍不高,即便在新闻圈内的影响力亦很小。

为了彻底改变上述状况,经中共中央宣传部批准,由中华新闻工作者协会创办的"中国新闻奖"应运而生。定位为"中国综合性年度优秀新闻作品的最高奖"。其宗旨在于通过"中国新闻奖"的评选，"发挥优秀新闻作品的示范引导作用，促进新闻媒体多出精品，多出人才。推进新闻事业更好地为人民服务、为社会主义服务、为全党全国工作大局服务。"

"中国新闻奖"每年评选一次，八月揭晓，十二月（或次年二月）颁奖。先由各省区市、各系统、各单位进行初评，按规定的分配数额分别报送各复评委员会参加复评，并由复评委员会按规定数额报送"中国新闻奖"评选委员会参加定评。最后的定评分为七个评审小组，各组评委对本组参评作品审阅、审听、审看，并无记名投预选入围票。各小组先评议、讨论预选入围作品，后以无记名投票方式选出一等奖候选作品和二、三等奖获奖作品。一等奖候选作品经全体评委审阅、审听、审看后，以无记名投票方式评定，达到实到评委三分之二票数的候选作品方能获"中国新闻奖"一等奖；二、三等奖获奖作品须达到实到评委的二分之一票数。每个等级最多进行三轮投票，如第三轮仍未投出规定的获奖数额，原则上空缺不补。

若论"中国新闻奖"政治地位，恐怕在国内外同类奖项中是首屈一指的。记得一九九〇年初我采写的一篇现场小特写《不私亲属的铁木尔主席》，被评为首届"中国新闻奖"通讯作品一等奖后，获得极高的荣耀。不但专程由新疆飞来北京人民大会堂领奖，还得到当时中央负责意识形态的最高领导、政治局常委李瑞环同志的亲自颁奖。但若论获奖的经济"价码"，与其政治荣誉恰好相反，恐怕在国内外同类奖项中排名末尾：一等奖三百元，如今仅够在"路边店"吃一顿饱餐的。

记得本报获首届"中国新闻奖"的共三人，除了我，还有本报经济部副主任艾丰、评论部的李德民，三人正值盛年，如"下山虎也"。艾丰亲自驾车，一辆破旧的苏联"吉达"私家车（那时私家车尚为稀罕物，故颇遭周围人的非议与猜忌），拉我们三人一起去人民大会堂参加颁奖大会。行进途中，三个人乐得屁颠屁颠的。艾丰一边开车一边打趣地说，你们俩给我做证啊，我这可是私车公用呐。他说得不假，本来报社完全可以派车送我们去人民大会堂的。那年月，人的胃口很低很低，对自己要求亦很严很严。得了大奖，只和家人偷偷乐呵一会儿，绝不敢对外张扬，好像一张扬唯恐就触犯了谁一样。所以至今业外朋友很少知道我这件"光鲜"之誉。

　　当然，在我看来，任何一项大奖，都不能当饭吃。就跟偶然一次大考得了一百分一样，人的一生面临各种各样的大考多得去了，一次一项"大考"又算得了什么！回首自己一生当中，有许多次"大考"还得了零分呢！不要被一时的得所迷惑，也不要被一时的失所迷惘；记起的不仅是欢乐，忘掉的也不尽是忧愁。

　　之所以突然想起这次新闻"大考"，并将它记录在案，并非是令人脸色丹红、皮肉抽搐的"自慰"行为，而是面对当今社会上尤其官场上越刮越盛的"裙带风""血统风"，一种公然的堕落，情不自禁地想起当年通过"中国新闻奖"响鼓重锤高度肯定和竭力推崇的这篇特写的新闻价值，是多么高瞻远瞩！更令人担忧的是，在跨越了二十多年后的今天，这篇特写的新闻价值并没有在社会上安营扎寨，更没有在官场上蔚然成风，反倒愈来愈成为一种"稀缺产品"，故而心有所动，不由自主地从心底迸发出杞人忧天的怀旧之情！

# 回忆我的教师岁月

　　二〇一七年是新疆乌鲁木齐八一中学建校七十周年，又是我曾当过班主任的该校一九七七届高二（二）班毕业整整四十周年。今年年初，校方就在网上发出今年夏秋季举办七十周年校庆公告，并附有历届教职工名单，我的名字赫然在其中！凝望着这份亦真亦幻的教职工名单，先是有点不敢相信，倏尔，激情燃烧，重新唤起那段早已在我心中渐渐淡去的火一般的教员情怀。

　　乌鲁木齐八一中学是新疆维吾尔自治区教育厅直属的一所省级重点中学，一九四七年五月由原国家副主席王震将军亲手创建于山西省离石县杨家会村的一座破庙里，原名"贺龙子弟学校"。一九四九年底学校随军进疆后，校名始为"新疆军区子弟学校"，后改名为"新疆军区子女学校"。第一任校长为王震将军的夫人王季青，一位北京大学毕业的高才生。

　　一九六四年十月，学校由新疆军区移交地方，隶属于自治区教育厅，定名为"乌鲁木齐八一中学"。用著名军旅作家周涛的话讲，那时候，八一中学代表新潮，有势而且资源雄厚。"文革"前，八一中学主要收的是厅级以上干部的子女，周涛父亲是县级干部，尽管有才，后来又成了大作家。但当时却进不了八一中学，只好上了乌鲁木齐市第一中学。

不过，我进入八一中学担任语文教师的一九七二年初，"文革"狂飙已将这里的一切权势横扫得稀里哗啦。尽管它依然是乌鲁木齐市校园面积最大、幼儿园小学初高中一条龙式的完全中学、教学设施及教职员工实力最雄厚、以招收军队子弟为主要对象的中学，但官位学、血统论已被彻底扫地出门，一切都回归平民化了，连校名也由"八一中学"改名"第十八中学"。

八一中学的位置，在乌鲁木齐市连接北门的青年路上。这条路上基本被军队单位所占据。当时中国八大军区之一的乌鲁木齐军区司令部大院，和我校就一墙之隔；出了学校大门马路正对面，就是军区后勤的几个直属单位。出学校大门马路对面北侧就是军区后勤部机关大院。八一中学就处在乌鲁木齐军区司、政、后这三大机关的包围之中，即按就近入学的原则，"八一"两个字也必须深嵌其校牌之中。

八一中学的地盘很大，分小学部、中学部、幼儿园三个学区，共十二万多平方米。三个学区各自为学，各有校长、园长，教学各自为教，互不干扰。但党委就一个，最终三个学区的人事、行政统归中学党委书记、一位三八式的老革命郝力妮老太太一元化领导。她还是时任乌鲁木齐军区后勤部部长张英明的夫人，德高望重，一言九鼎，权威大得很呢。

我是从初二下学期接任一九七五届初二（二）班班主任的，同时兼一九七五届初二（一）和一九七五届初二（二）班两个班的语文课教师，每周大约十五六节课，很忙且很烦琐。但当年正值二十郎当岁，精、气、神十足，故一点没觉得累。记得教两个班的语文课，每周都要布置学生作一篇作文。光一周批改作文的量就高达近百篇之多。当时，我班的学生人数四十六七位，一班人数好像比我班还多。因为一班班主任李声望是位老教师，颇有教学管理经验，一班被他调教得有条不紊。加上他又是我们这个年级八个班的年级组组长，各方面威望高，故想进入他班学习的学生亦多。我们二班四十多名学生中，有一少半学生属军队子女，另一多半属就近入学的地方子女。彼此间习性上虽多少有点差异，但感情上绝无任何隔阂。凡遇到与邻班发生矛盾纠纷的时候，全班绝对抱团一直对外，班集体荣誉感很强，这是我这个班主任最感欣慰的地方。

换句话说，我有幸与八一中学结缘，与八一中学那么多来自祖国四面八方的优秀知识分子结缘，尤其是与这帮伴随我一生的心爱学生结缘的那段岁月，正值狂乱的社会政治氛围渐趋平静的"文革"后期。虽然全市各级学校都渐次走向复课，步入教学正规，但整个教育导向仍在延续"文革"思维，即轻视书本教育，注重走与工农兵相结合的实践教育道路。我在八一中学任教的近四年当中，带领全班学生去兵团九运司五连汽修厂学工一个月，也就是当学徒工一个月；带领全班到南郊的军区奶牛场学农一个月，吃住在奶牛场，整天积肥、打草、干杂活，跟农工一样起早贪黑；带领全班学商一个月，到乌鲁木齐最大商场红山商场站柜台，当营业员。

这样的教学安排，必然会影响或干扰系统学习基础知识所需要的课时保证。但毋庸讳言，却也给全班同学包括我，留下终生难忘的影响：过早地接触社会，过早地体察社会各个方面，使他们成熟得更深沉，更理性，更适应未来的人生角色。

如今，回头去看，一概否定那一阶段的教育事业，有失公正；全盘肯定那一阶段的教育事业，有失偏颇。要我说，那段岁月的整体师资力量并未下降。就拿八一中学来说，"文革"前形成的高水准的教师队伍依然保持不变，一大批二十世纪五六十年代毕业于全国各大名校的教师都是各年级、教研组的骨干。像我们语文教研组的沈筠茹、张五雄、马介元、张良杰、李淑志等老师，像数学教研组的夏冠华老师等，学养丰厚，品正行端，不但对我们这些年轻教师言传身教，即便在全市教育界也是声名鹊起，为八一中学添誉不少。

那是一个物质极度匮乏的年月，也是一个精神至上的年代。师生都过着清贫的日子，师生关系淡如水——仅仅是教与学的关系而已。就像山涧的溪流一般，没有任何污染，也不受任何污染。那时候，教员的工资很低，住房条件更差，八一中学住在校园里的老师，超过两间无厕无厨房子的，几乎没有。一家三代人挤在两间内外套间屋子的，比比皆是。像我这样刚入行不久的青年教员，一家四口住在一间靠近锅炉房不到十平方米、纸糊顶棚、烧火墙的土平房里，每逢进出家门时，整个纸糊顶棚忽闪忽闪地上下抖动，真担心什么时候它会掉下来！

就这房，对我来说，还是校领导对我最大的体贴与照顾。在周围其他青年教师看来，更像是一种特殊关照。因为，校长王元庆一家就住我家隔壁，亦仅有内外两间房。须知，当年的八一中学，论物质条件，不论校舍，还是职工待遇，在全市教育系统那可是数一数二的。所以，我及全家人知足得不知说什么才好。妻子不时叮嘱我：好好工作。我亦暗下决心：少吭声，多干活。于是，我整天与学生厮混在一起。学农，和学生身挨身地睡在一起；学工，一身油污地与学生干在一起；学商，春风满面地和学生并肩在柜台前站在一起；授课，使出全身解数吸引学生的注意力，诱发他们的学习兴趣……反正，我也搞不清楚，全年级的老师都认为二班学生调皮捣蛋，代我班课的任课老师个个打怵，但我始终不认同，不予附和。因为，全班同学怎么就买我的账啊？听我的话啊？为什么见我像老鼠见了猫似的，悚我啊？

时隔四十多年后的今天，再回忆这段当教员、班主任的时光，真是悔恨多于欣慰。遥想当年，全班不少学生曾被我严厉训斥过，或拉出来罚站过，态度粗暴极了；许多学生被我屡次家访过，告过"御状"；不少学生被我不谙世事且幼稚的语言与行为刺痛过，甚至伤害过……我曾公开撰写文章说过，如果今天再给我一次做教师的机会，我会用一生的醒悟去教学生、善待学生！

用今天时髦的话比喻，"文革"前，乌鲁木齐八一中学属于一所"贵族学校"。那时，学校录取的学生很在意学生的父亲是干什么的，至少也得是边防团长、政委以上的官。自治区一把手、老一辈无产阶级革命家王恩茂的几个孩子，都是在这所学校读书的。故校风校纪亦明显不同于其他中学。我记得教初一、初二年级的时候，我们年级共有六个班。到了初三还是初二下学期，也不知什么原因，突然从外校连班主任老师一起整体划拨过来两个班，按原来年级序号顺排，变成七班和八班。至此，八一中学初中一九七五届共有八个班了，真够庞大得了。

七、八两个班的"入伙",一下子显出与嫡出班的明显差距来,平时感受不深的八一中学自身校风校纪,也一下子看得清清楚楚。首先是一班至六班都说一口标准的普通话,有一个必须说字正腔圆普通话的强大氛围。而新划过来的七班、八班,都说一口浓重的乌鲁木齐地方话。故一听说话,就知道是哪个班的学生。还有,从班风班纪上看,新班与老班的差距也很明显。本来,我带的二班,与李声望老师带的一班、李淑志老师带的三班、胡克勤老师带的四班比较,我们班的班风班纪确实不如他们。但七班八班一来,包括我们二班在内的前六个八一中学嫡出班,风格做派大不一样。前者给人松松散散、个性彰显的感觉。而后者整齐划一、板正内敛。我内心一直在琢磨,这难道就是王室之气?王室之风?这难道就是朝野之分?忽然联想起孟母教子"三迁"住所的故事,我想说,环境对于一个孩子的成长,实在太重要了!回望这一点,有幸在八一中学成长起来的同学们,八一中学值得你们铭记一辈子,骄傲一辈子!

就各种教学设施和教学氛围而言,就是用今天的眼光去衡量评价当年的八一中学,亦不比今日逊色多少。所以,当年能在这所中学里任教,必然多了几份自信,更多了几份责任与自觉,压力山大。我一心想的是怎么把课教得好点,学生爱听,学校满意。另外,就想着把班级管得妥妥的,不出事,在整个年级不至排名最后。因为,我是年级八位班主任中最年轻的一个,也是年级所有任课老师中最年轻的一个,比那位娇小的、经常被我班调皮男生气得哭鼻子的女洪老师年龄还小。尽管看上去,我长得五大三粗,比洪老师可老相多了。

私下里，也许是班上同学们都看出我的这一弱势境遇，故对他们这位年轻班主任老师寄予无限同情，给足了尊严与面子。再调皮捣蛋的男生，我发再大的脾气，口出最狠的训斥，从没有一个人与我发生过任何顶撞，总是逆来顺受，言听计从。反而，愈调皮捣蛋的学生，我心里反而同他们走得愈近，像如今成了新疆海关一名处级干部的张健，像整天眯着一双笑眼憨实可爱的王宏，像聪慧灵精的丁建华、陈新光、孙健，像耿直倔强的梁军、郭新伟、冯庆元、赵军承、杨施新……因为，师生彼此之间碰撞得愈多，了解得亦愈透彻，感情增进得亦愈快。何况，我小时候就是班里出了名的一个小淘气包，心同此心，情同此情啊。

我曾在新出版的一本书的"作者简介"中这样写道："回首公职生涯，除当了五年多中学语文教员外，一直从事媒体工作。"旨在突出我很在意这五个年头的教员生涯。我在八一中学任教的那段岁月，正值"文革"末期——苟延残喘的末期。尽管越来越多的人对闹腾得太邪乎、太极端的所谓的"文化大革命"，已从骨子里生出厌恶，但嘴上都还在跟着呼喊、应付，中国老百姓滑头着呢。然而，八一中学确是一个例外，十年"文革"对它来说，像是一个脱胎换骨的大熔炉，迫使它成功完成了由一个官员子弟学校向工农兵子弟学校的彻底转型，不能不说是"文革"的一个奇迹。

以我班为例。尽管全班四十六名学生中，父母是县团级以上官员的孩子还有十几个之多，但大多数学生都是普通工农兵家庭的孩子。班里同学之间相处，包括父母是县团级以上同学自己，当时根本不注意彼此的父母亲是干什么的，完全是看合来合不来。血统论、官本位思潮，在班上毫无市场。一直稳坐班长、副班长之位的两位同学朱贵存、薛红，皆为普通人家子女。从初中一直到高中毕业，班干部中绝大多数学生也都是平民家庭子女。像体育委员聂如旋、文艺委员王芳、组织委员薛建刚等，均为工农兵子弟。他们都是全班同学举手表决民选出来的，都是根直苗正的好孩子。

如今走过四十多年的人生旅途再回头看，班长朱贵存风帆万里，成长为一名加拿大的科技人才；体育委员聂如旋成长为国营上市公司的董事长；组织委员薛建刚成长为厅局级的纪委书记；普通人家子弟丁建华成长为深圳市区一级法院院长……当然，头衔、官位并非检验人生成功与否的唯一尺度，但至少说明当年同学的眼睛是雪亮的，说明班风校风的正畅。

今年是八一中学建校七十周年，我虽在其七十年的历史长河中仅占极短的时段，尤其比起当年和我前后进校从教的年轻老师，如我的老同学乔居姝，更有着天地之差！她，一名历史高级老师，居然从此将其毕生矢志不渝地献给了八一中学，献给了国家的教育事业。从春光四射的姑娘，熬成了白发苍苍的老太婆，直至退休，再未离开过八一中学一步！还有我熟悉的李绍成老师、王伟老师等，均是把毕生献给八一中学的功臣！正是有了这么多用毕生心血浇灌一朵花——八一中学的热血赤子，才最终培育出傲立于新疆中教系统大花坛中一朵艳丽的奇葩来。

再有我的老同学、和我前后进入八一中学任教的邹雅新，一位娟秀有点羞涩的女生。谁知，因文体特长被学校安排当了体育教师。她二话没说，顺从干起了体育教师这一行。结果，这一生就绑定在体育教师的位置上，直至退休。

值此八一中学全体师生即将欢庆建校七十周年之际，我由衷地建议，校方可否设立一项终身教育成就奖，吁请历届所有八一中学的师生自愿捐款，多少不限，借以表彰曾为八一中学付出毕生心血的教职员工，感谢他们！向他们致敬！授予他们真正的师道尊严！

掐指算来，我离开八一中学，离开教育界，迄今已整整四十二个年头了。四十二年间虽身不在其位，但心里对那段时日的记挂总若隐若现。尤其是每当社会上掀起一浪又一浪针对教育界冷嘲热讽的时候，我总不由得浑身打冷战，就好像这矛头是冲着自己来的。好像如今社会缺少公德、做人失去底线的窘况，我亦脱不了干系似的。

经过四十多年的岁月沉淀，经过四十多年的岁月洗礼，如今再回头去看那一段教师生涯，我仅仅做到了教学生的文化课而已，而且是盲目的、没有终极目的、灌输似的教学。总体来看，学生是掌握了些许基础文化知识，比如汉语拼音、字词句等等。但关于什么是文化，当时我自己也没弄明白，更不要说教学生了。

首先，文化乃根植于每个人内心的修养，你教会学生了吗？没有；其次，文化乃无须提醒的自觉，你引导学生了吗？没有；第三，文化乃以约束为前提的自由，你教学生做到了吗？没有；最后，文化乃为别人着想的善良，你培养学生去做了吗？没有，统统没有！

在那个高喊政治口号的年代，在那个整日喋喋不休叫喊教育是培养讲道德、有文化、有志向一代新人的年代，老师教的，学生学的，都与口号搭不上界，更没有明晰具体的实施方案！所谓的教育，我以为，必须是带有强烈的目的性，具有明确教育方向，一步一个脚印，循序渐进地从德、智、体三个方面同步介入、引导。

上述这一切，当年我们没做到，或者说主观意识不明确、不到位。不，准确地说，是我没意识，没做到。值此八一中学建校七十周年庆生之日，我愿将这篇回顾与反思敬献给学校，敬献给我的继任者。

# 住过的房子就是你人生的自传

俗话说，鸟有鸟巢，鼠有鼠洞。回顾过去的岁月，许多人和事都淡忘了，但住过的房子却记忆犹新，想忘也忘不掉。因为那里有过我的日子，存着我的信息。

回过头去想一想，我这一生共搬过九次家，有过九次住所。在新疆搬过五次，在北京搬过两次，在珠海搬过两次。这期间，虽在澳门工作生活过近八年时间，那只是因公派驻，像外交官，虽有很好的住所，但家（一家人住在一起）不能随行，只能算作宿舍，与住所的性质完全不一样。所以，把它排除在外。我估摸，在大多数同龄人中算正常的，不算多也不算少。

新疆、北京、珠海三地算起来，在新疆搬家次数最多，统共五次，皆因工作变动而搬家。那时候，人生的一切都依附在工作单位上，一切属公，单位就是公家，住房由单位分配，到哪个单位工作，住房就由哪个单位解决。调一次工作，就得搬一次家。记得在新疆最后一次搬家，也就是第五次搬家，那是一九八七年夏天，经过长达两年多征地、设计图纸、组织建筑公司施工等诸多环节累死累活的拼搏打斗之后，《人民日报》新疆记者站集办公、住宿、客房餐厅于一体的综合小楼、小院终于竣工建成。

第一个晚上全家人睡在三楼崭新的"家"中，觉得怎么那么大，之前小房子住习惯了，房子大了睡不着，兴奋得不得了。心想，从此稳稳妥妥住下去了，恁哪再好也绝不挪窝了，一直到退休。

谁知，仅仅住了不到五年，一纸调令将我及全家人，从这座每块砖缝都浸透着我全部心血的小楼中请出，回京任职。打包行李那些天里，一得空，我就满楼、满院子上下、来回地转悠，心里塞满了不舍与痛苦……

调回总社工作，确非本人意愿。我作为人民日报社单独在各省、区、直辖市设立记者站之后首任新疆记者站站长，工作局面刚刚打开，工作、生活上的后顾之忧刚刚解决。尤其是亲手刚刚创立了这么一个优越舒适的工作、生活环境，心里着实割舍不开。周围的朋友也极力劝阻我不要去北京，继续留在新疆工作。再三催我向组织表明自己的态度，相信报社会答应的。

他们哪里晓得，此次奉调回京，事先一点风声没向我透露不说，更没有征求过我本人的意见。一天上午，接到总社记者部主任丛林中亲自打来的电话，令我第二天赶回北京。我问：有何公干？丛主任笑呵呵地答道：回来当面谈。我还以为有出国采访的任务呢，为此妻子专为我装了两套西装于随身行李内。第二天急匆匆飞回总社，丛主任仍一句话也没透露，让我马上去见社长。见了邵社长，邵社长简单明了地宣布，经编委会研究决定，调你回总社记者部工作。当即，我便留在了记者部。组织的决定斩钉截铁，根本没有半点讨价还价的余地。我常有文人气短的心态，自比从前，这简直是一种飞跃，一种破格提携，轮得上你再吱呀呜地吗！我乖乖地接受了，一口大气也没敢喘。

等我再返回新疆搬家时，已经是三个月之后的事了。调我回京工作，在周围人眼里，绝对是喜事、美事一桩，哪还专留了现成的房子给你住！我们一家四口，只得将全部家当打包后，暂存在新疆记者站，净身来到北京，在报社招待所一住就是半年多。直到一九九三年底，才分到住房——报社大院内三十号楼二单元顶层六楼一套三居室。这真是喜出望外，三十号楼是当时报社最好的楼盘，是全报社家属楼中唯一装有热水管道的，其中一个单元还是报社副总编一级的干部住房，扎眼得很呢。

分配给我家住的三卧室一客厅，厨房卫生间加起来九十平方米。虽然比起新疆站的家小一点，当时已觉得十分满足了。况且生活极为方便，宅楼背后就是报社南区食堂，离家五百米不到就是报社医院，是个闹中取静、自成一统的好地方。再前后比较，从边疆来到首都，那可是鸡毛飞上天！心生感慨，命运竟对我如此厚爱，我有何德何能？一句话，安下心来，好好工作，直至将这座楼底坐穿！

没想到，仅仅在此"家"住了四年多，又要搬家了。

像我们40后、50后这一辈人，虽然大半生都过得很清苦，但比起我们的父辈要幸运得多。因为，终于搭上了时代好、政策好的早班车，国家实力一天比一天强大，报社收益亦跟着水涨船高，工资逐年上调不说，各种福利待遇亦越来越细化。比如发给每位职工的食堂就餐卡，财务上月月往里打钱，且一年比一年多。全家人的早饭基本上都是从食堂打回家吃，而我则是早午两餐饭均在食堂吃，一分钱不掏。

这期间，两个女儿先后都去了外地上大学，家里就剩下我们夫妻俩。活动空间一下子宽敞多了，并将一间卧室改作我的专用书房，总算是弥补了我回京后的一大缺憾。终于在北京彻底安下心来，并找到了可以长住下去的感觉了。在这间书房里，写出了此生的第二本书《揽世看涛》。

孰料，到了二〇〇七年，一是报社为职工建造了大量住房，手头握有大把房源；二是国家建设部又新颁布了新的住房标准；更重要的是，此时此刻，住房商品化改革已经提上了全国议事日程。在这种大势的推动下，报社决定实施大规模福利房重新分配方案，即给尚没有住房的新职工分配住房，同时给尚没达到新住房标准的职工，补齐住房面积。特别是破天荒头一次以远远低于市场价格，一次性出售给职工个人，并终身享用。我属于第二种尚未达到新住房标准的一类人员，故迎来了又一次搬家的机会。

经过与妻子反复商量，我们选择了社外一处新建楼——安贞桥胜古家园。报社依照工作年限、进报社年限，职务、职称等诸多条件打分排队，分数高的员工，可优先挑选楼层及住房，依次类推。我的分数排得比较靠后，最终分到这座十几层高楼的第三层，实际为住宅第一层。因大楼第一层为大堂，第二层为设备层。我记得按每平方米两千多元的价格，补交了扣除我缴还的九十平方米原住房面积之外新增面积款额后，拿到了平生头一次属于自己的住房。这是过去做梦也不曾想到的，更是一个时代的飞跃！所有的报社员工都高兴坏了。

正因为此，我以为从此就到头了，不会再搬了，故耗尽多年全部积蓄，只要一得空闲，夫妻俩便乘公共车满北京城地转悠，足迹遍散北京东西南北各大建材市场，选料，购料。足足有半年时间，为精心装修属于自己的房子，几乎豁出命来。

不承想，此家住了刚满三年，我的工作岗位又一次变动了。这一次可好，一动又是几千里。八年前，从西动到东，跨越上万里。这次是从东动到南，直抵大陆的最南端——澳门。

虽然是平生第一次拥有了属于自己的房产，虽然平生头一次认识了房产证长啥模样，虽然蓦地由无产阶级升值为有产阶级，但胜古家园对我及家人来说，始终有一种疏离感，总也亲近不起来。因为，我们一家人在此待的时间实在太短太短。

首先，这里距报社足有半个小时的车程，我每天必须早出晚归，两头不见日头。加上又常值夜班，一天三顿饭在报社食堂吃不说，每每至家都是夜深人静的时候，家比客栈还不如。加之，两个女儿此时都出嫁了，更缺少家的温情。而且很快，我和妻子又双双外派去了澳门工作，胜古家园的家从此只好唱空城计了。

两个女儿虽不时会回家中探视一下，但毕竟都有工作和小家在身，回家探视的机会很少很少。家没了人气，没了一家人的温馨，这还叫家吗？不过是一套房子而已！二十世纪九十年代的住宅建筑，无论设计理念、设计水平、建材品种质量、施工技术等等，跟现在没法比，毫不夸大地说，都有一种隔世之感，差距太大。

故没有人气的住房，很快频频出现事故。仅二○○四年一年，家中连续三次被污水倒灌。因我家在一楼，下水管常被堵塞，正好

100

我家没人，直到污水顺门缝外溢出走廊，才被邻居发现报告，并辗转至我们知晓时，污水已将地毯、家具浸泡得面目全非，满屋臭气熏天。我和妻子远在天边，可害苦了两个女儿，自个打扫清洗，四处找人疏通。长途跨境电话那头女儿诉苦说，下水道的堵塞无法杜绝，因为根源在于楼上住户的素质问题。道德素质物业管理部门管不了，也没法管。物业无奈地说，谁叫你们家在一楼呢！言外之意，只能如此继续下去了。

几次三番之后，百般无奈之后，我和妻子女儿商量，干脆将房子卖掉算了，再在北京选购一处住房。然，了解行情之后，最终不得放弃了此念头。因为，卖掉房子容易，再在北京买一套新房太难，房价火箭升空般飞涨，买得起房的非富即贵，工薪阶层基本被拒之门外。

左思右想，前思后想，思来想去，辗转反侧，最后痛下决心，卖掉北京住房，撤离北京，去珠海买房！反正离退休没有几年了，哪里的黄土不埋人？

搬离北京？无疑犹如一枚炸弹突爆，得知消息的亲朋挚友，无一不惊呆了。第一时间纷纷出来力阻，你们脑瓜进水啦？撤离首都？离开皇城根？你们掂量清楚了吗？权衡出轻重了吗？全国人民乃至全世界人民都打破头想往里面钻还钻不进来呢！

但我们心平如镜，毫无一丝北京人的优越感。或许在北京住的时间太短？或许我们原本就在边疆生、边疆长？骨子里就积存着驰骋四野的胡儿性情？总之，怎凭谁也没有说动我们搬离北京的一条横心。一路向南，再向南，在二线城市珠海城区边上的一个小镇，安营扎寨了。

　　这也许是冥冥在天之意？遥想当年，时任新疆维吾尔自治区主席的铁木尔·达瓦买提曾开玩笑对我说过：我们新疆虽地处祖国的边疆，但你对新疆的报道，不能总放在报纸版面的边边角角哦。

　　看来，人生的定位，家的定位，绝对是一定的内在因果关系的归结。

# "丑马驹"的故事

　　我虽自小生长在城市，但喜欢听农村的故事，诸如马产双驹啊，狼群祸害羊群啊等等，总觉得好奇极了，新鲜极了，那才叫真正长见识呢。记得上小学三四年级时，一位在军马场工作的老八路叔叔来家做客，向我讲述了一匹军马的传奇故事，迄今记忆犹新。老八路叔叔有位同事是场里的养马专家，马好马坏他一眼便知晓。

　　有一年，军马场出生了一胎小马驹，模样奇丑无比。而且越长越难看：腿细，头小，脖长，似马非马，似鹿非鹿，整个一个四不像！饲养员个个都嫌弃它，不愿意养，认为成不了材（培养不成军马），白养，不如早早淘汰了事。就在此刻，养马专家发话了："毕竟是军马的后裔，淘汰给地方上可惜了，能否卖给我私人饲养？"场领导一口应诺："当然可以！你要不嫌弃，五十元给你了。"大伙儿乐不可支，心里想：专家莫不是养马养痴了，是马都舍不得？谁也没有往其他方面猜想，也不愿猜。

　　过后，专家收养丑马一事转眼淡出了大伙儿的记忆中。从此，怪马驹的后事也无人知晓。日子过得飞快，转眼一年多过去了。此时正逢三年困难时期，公家单位遵循中央号召纷纷精减人员，压缩编制，以渡难关。养马专家原本不在场领导的"精减人员名单"之内，不料专家却第一个递交了申请告老还乡报告，理由很充足：独自一人在外多年，到了该回老家侍奉父母妻儿的时候了。组织上很快批准了他的请求，一来动员职工放弃公职是件十分艰巨的事，这送上门的主动岂有回绝之理；二来精简多少人员上级都分配有指标的，就像反右时分配右派指标一样，必须保证完成。

被精简职工陆陆续续离场。多数拖家带口，场面十分凄凉、怪异：走的人个个心气不顺，瞻念前途，不寒而栗；来送行的都是至交，人很少，个个伤心落泪。养马专家何时离场的，无人知晓。但他离场不久，即有人向场领导报告，养马专家收养的丑马驹是一匹神马，行走如飞，日行千里，已被他骑回老家去了！马场领导大惊，命人火速追回。谁料，早已无影无踪。

这个故事盘桓在心多年，一直放不下：不知神马最终的结局如何？养马专家不会被抓吧？以至长大成人后，才懂得那只不过是一个故事。其中有多少杜撰的成分，不得而知。这年月，非亲眼所见，都有可能是假的。但这故事却蕴含着一个朴实的道理：勿以相貌取人，勿被假象蒙蔽。

# 罗宋汤与新疆番茄

　　已有一段时间了，我发现自己的胃口突然出现"返祖"现象，对已吃了十多年的粤菜，特别是海鲜之类，除了鱼之外，像贝、虾、蚝等广东人最爱的餐食，胃开始抵触，总觉得吃了胃不舒服。越到后来，慢慢地出现厌食现象，只要太太一端上按粤菜风味做的菜肴，我的眉头就不由自主地皱起来，夹几筷子，草草几口，不吃了！可是只要太太偶尔做一次新疆饭，比如抓饭、揪片子（新疆汤面）、拉条子（新疆拌面）之类，胃口立马大开，觉得那个香啊，像一个贪吃的孩子，非吃撑肚皮不可。这种变化起初自己并没有察觉，只是屡次三番被太太训斥"你真难伺候"时，方醒过神来：我这是怎么了？

　　难道胃真能返老还童不成？仔细一琢磨，还真是这么回事儿。我惊异地发现，也许与我的胃从小留下的记忆有关。人的饮食习惯大都是自小养成的。小时候常吃什么，就一辈子好这一口儿，那种味道终生不忘，终生向往。不管将来再经受什么样的美食"熏陶"，亦难改打小养成的饮食习惯。比如又快到一年一度的端午节了，到了该吃粽子的时候了。但说心里话，南方的肉粽子、咸粽子，我始终接受不了。每年端午节，澳门朋友送来的一盒盒上乘粤味粽子，转手就送人了，从来没动过一丝想留下来自己尝一尝的念头。非要到超市选购几盒北方产的甜粽子才行，年年如此。因为，从小在北方吃的都是妈妈亲手用糯米、葡萄干、红枣包的，浇上糖稀或粘上砂糖的粽子。

我突然觉得，所谓"少小离家老大回"，这个"家"何止是故乡，更是一个自小营造在心底的"场"；这个"回"字何止是"归来"的意思，而是一个包纳万象的灵与肉的深层复原！记得平生头一次吃西餐时，竟对罗宋汤情有独钟，那又酸又甜的味道极合我的口味，就像是我祖上专门流传下来的一道菜。迄今亦成了每逢吃西餐时一道必点的"保留剧目"，百食不厌。我就奇了怪了，这究竟是怎么回事儿？蓦地，有一天终于悟出了其中的奥秘。

原来，罗宋汤与新疆回族做的"粉汤"如出一辙，与维吾尔族做的"汤"属同一味道。其中都有一种配料：番茄酱。此乃新疆菜系的一大特色，凡菜必放番茄，既提味又着色。做汤就更不用说了，番茄酱是其中主要的配料。本人在新疆生活的岁月，恰遇一段政治上瞎折腾的日子，物质匮乏极了，盛产番茄的故乡居然买不到番茄酱！做菜或汤无番茄酱可放，夏季用新鲜番茄代替，冬季吃番茄干。记得每逢秋季太太都要购回成筐成筐的新鲜番茄。节假日里，一家人围坐在一起，把一个个番茄用刀一切两瓣，然后一瓣瓣摆放在木板或硬纸板上，拿到阳台上或院子里晾晒，直至成干，然后装进布袋里，预备冬季吃。因为到了冬季，新疆四野茫茫，一片冰雪世界，很难吃到新鲜蔬菜，哪像现在反季节蔬菜要啥有啥。

从"番茄"或"西红柿"称谓看，显然不是中国土生土长。它源自国外、经由新疆，准确地说，是驮在骆驼背上，经由漫长的"丝绸之路"，辗转传到内地的，故前面冠于"蕃""西"。自张骞通西域之后，中西之间的陆路交通，曾经繁荣兴旺了千年之久。可是用"丝绸之路"来称呼这条横跨欧亚大陆的漫长商道，却是近百年来才有的名字。十九世纪末，德国地理学家、柏林大学校长李·希霍芬，曾在中国先后做过七次旅行，他是第一个把这条大道称作"丝绸之路"的。时隔不久，又有一位德国学者写了一本专著，书名就叫"丝绸之路"。从此以后，"丝绸之路"这个美丽而又形象的名字，才渐渐叫响，并为世人所公认。

二十世纪七十年代末至八十年代初，一种专做番茄酱的番茄新品种，即葡萄般大小的番茄，引入新疆推广种植。这里独特的光热和水土条件，使番茄生长找到了最好的栖身地。番茄加工成番茄酱，具有红色素高、色差值高、固形物含量高、霉菌低等特点，成为国际市场公认的优质产品。为了大力发展这一资源优势，新疆从二十世纪九十年代后期开始大力发展以番茄为代表的"红色产业"。

进入本世纪以来，新疆番茄种植和番茄酱生产加工每年以40%左右的增速发展。如今，全疆从事番茄酱生产的企业已达一百余家，总产达到101.83万吨，成为世界第三大番茄酱产区。新疆番茄酱产品销往世界一百多个国家和地区，年出口五十万吨以上，出口贸易量居世界之首。

# 暑天话新疆"西瓜"

这几天，广东又进入一年一度的酷暑期。动不动就一身臭汗，若没有空调、电扇陪伴，一天二十四小时真会被逼至"汗水洗面"的境地。老伴依循老习惯，每次去菜市场买菜，总会捎带一个"黑美人"西瓜回来。用西瓜来消暑是我们在新疆多年生活中养成的习惯。新疆自古盛产各类瓜果，维吾尔族一向有用瓜果代饭的传统。

每当到了这个季节，新疆各地产的瓜果就开始陆续上市了。先是杏子、桑葚，紧接着是小"甜瓜蛋子"（新疆人的叫法）、夏苹果，再下来"接口"的就是西瓜、珍珠葡萄、无花果了……多不择食，美不挑口，吃嘛嘛甜，咀飘瓜香。到了这时候，各个机关、部门、企业、学校等（包括我们这些中央媒体驻新疆机构），纷纷出动，有车出车，没车雇车，干什么去？到瓜地为单位职工"搞福利"去！当时，乌鲁木齐各单位大都去石河子、五家渠等地农场买瓜。二十世纪八十年代，石河子下野地及五家渠一〇三、一〇六团场的西瓜最有名，每公斤也才五六分钱，到了二十世纪九十年代初我们离开新疆那会儿，一公斤西瓜的价格已涨至八分。四吨重的一汽车西瓜从产地买回来也就二百多元，便宜得令人咋舌！

这时候随便到哪个单位串串门，都能捕捉到一大"景观"——

不分领导、群众，个个手拎大麻袋，围着一辆辆满载西瓜或甜瓜的卡车旁，排队等着分西瓜。好一点较有实力的单位，每次每个职工能分到七八十公斤的西瓜或甜瓜，差一点的单位亦能分到三五十公斤西瓜或甜瓜。一个夏季，各单位平均要给每个职工分配数百公斤的西瓜、甜瓜及其他水果，这种"福利"是"必须的"，运费全由单位补贴。若分不到西瓜、甜瓜的单位，其领导的脑子笃定是进水了，一定会遭到职工的唾骂，其领导威信也就可想而知。我们记者站人少，我这个"站长"的压力就轻快多了。每逢夏季，给熟悉的农场领导打一个电话，要不了几天工夫，一卡车瓜（西瓜、甜瓜各半）就开进记者站的院子里来，顶多花费三四百元。西瓜、甜瓜就堆放在记者站地下室里，敞开供应。谁（不管职工、家属）想吃就到地下室去搬，不用请示，更不需要向任何人打招呼。想几时吃随便，地下室没有门，更没有锁。这个时段，凡来记者站做客的人，不用站长吩咐，一律以瓜代茶招待。

待到二十世纪九十年代初，我奉调回到北京。这等用麻袋往家运瓜、免费吃瓜的美事，从此再也不用去想了。有一次，老伴与单位同事去逛街，见同事买了一块西瓜（一个西瓜分切成四块）带回家去。忍不住说了一句，我们在新疆吃瓜都是一麻袋一麻袋往家运的。同事听后一脸的不高兴，心里在说：你真能吹牛啊。太太始觉说漏了嘴，从此不敢再在北京人面前"显摆"新疆人吃西瓜的"盛况"了，因为没有人会相信。

如今，地处溽热的广东，不由得又想起瓜果飘香的新疆，想起在新疆吃西瓜时的那个爽快劲儿，心中充满无限的眷恋！西瓜原本就产自新疆。据史载，一千多年前，有个名叫李文斯顿的旅行家来到南非洲的卡拉哈里大沙漠。他无意中发现在杳无人烟的原野上，生长着许多个头不大的被他称为"卡拉哈里大沙漠之球"的一种植物。一群大象和犀牛在那里大吃，狮子、羚羊、田鼠等也享受着这大自然的恩赐。这一发现轰动了植物学界。不久，埃及开始对这种植物进行人工栽培，并逐渐扩展至希腊、罗马、中亚细亚一带。十世纪（我国五代）时，这种球形植物由中亚细亚经丝绸之路传入我国，先是在回鹘（今新疆境内）栽培，后来传入内地。因由祖国的西边而来，故起名"西瓜"。

西瓜的营养价值和药用价值很高。暑天多吃西瓜，有消暑、解热、利尿之功效。

# 春天纪事

　　二〇一一年广东的春天比往年来得要晚，都春打阳历四月头了，多数人还没脱去外套。要在往年，短衫短裤早已穿在身了。然而，春的气息却直扑人们的鼻孔里、抵在人们的心口上，急迫得很，亦强势得很。

　　以我家宅子为例，刚搬进来的那年，醉心于过陶渊明笔下的田园生活，让余生烫贴在既清静又方便的角落。"青山衹在古城隅，万里归来卜筑居。"于是，将门前的一棵有十年树龄的芒果树请人移植到屋后，又特意到镇里集市上挑选了一棵成年"妃子笑"荔枝树栽种在移走芒果树的地方，这样不就变成了"门前屋后都有果"嘛。虽不能与"采菊东篱下，悠然见南山"的意境相比，可毕竟有"开门见树荫，推窗果香飘"的景致，颇有一点"田园"风光的味道，远离了大都市中的人海"倾轧"，蛰居在小镇衰草茂树间的书斋中颐养天年。

　　可芒果树自从挪了地方，"生理周期"完全被打乱了。原本是春天开花的，谁知推迟到了夏末，足足延后了半年时间。约莫到了八月底或九月初，眼看着夜晚一寸寸变长，秋蝉啼短。这棵芒果树却反其道而行之，居然开始吐骨朵开花了！虽开得稀稀落落，但到春节前后，总能收获一二十个香甜的芒果，惹得邻里朋友无不羡慕。这种"颠三倒四"的乱象一直持续了整整三年！太太和我均以为从此就这样"定型"了。心想，也挺好，秋季开花，冬季结果，自然界奇迹也。

不料，三月中旬我从京城回来，一推开后窗，芒果树竟然开花啦！那叫个开得旺啊，一串串土黄色的芒果花蕊布满整个树冠，花团锦簇，春色无边！"犹恐相逢在梦中"，真个令人兴奋不已。太太逢友便讲：我们家的芒果树又春季开花啦！

更奇的是，门前的荔枝树枝头上居然也开满了花。这棵荔枝树自从栽种在院里，三年过去了，跟挪走的芒果树一样，不但春天无声无息，秋天也哑然噤声，没有丝毫"生育"的迹象。我们后悔不该上卖树人的当，他非说这是棵"母树"。明摆着是棵公树嘛！谁知，这棵"公树"孕育了整整三年，终于开花啦！昨天中午与中山一帮朋友聚餐，说与杨总听，她的回答更让人惊异：她家院里的那棵荔枝树也开花了。大约六七年前，杨总家的荔枝树挂满了翠红的荔枝。待荔枝熟了，杨总特意邀请一帮挚友到家品尝又大又香甜的荔枝。但打那之后，好客的杨总未再邀我们去吃荔枝。原来，她家的荔枝树"懒劲"上来了，从此没再开花结果，一直"静养"到今春，不知何故？

真要为今年的春天干上一杯！人们赞美春天，喜欢春天，是因为春天百花齐放，万物复苏。今年的春天如此鲜旺，怎不令人心花怒放，连小区里的青蛙重又亮出了歌喉。奇怪得很，大概也有两三年了吧，小区的"蛙声"突然消失得无影无踪。早先，一到夏季，小区入夜之后就听得"蛙声一片"。躲在水池里、树丛里的各种青蛙纷纷齐亮歌喉，不间断地唱啊叫啊：咕——咕——咕——呱、呱、呱……咯咯咯……各种声腔调门细细地搭配着，长一声，短一声，紧一阵，疏一阵，此起彼伏，相互呼应，搭配出一种比寂然无声更静的静境。你就被这种静控制着，慢慢进入梦乡。在蛙声中睡眠，那才是一种纯天然的真正意义上的睡眠呢！

但这两年夏季小区内的蛙声突然失声销迹，原以为是小区物业为保持院中的池水、渠水清澈，常常往里撒漂白粉的缘故，把青蛙全毒死了。不料，昨天傍晚在小区散步又听到久违的蛙声，而且蛙声"大噪"，真有点铺天盖地的架势。我真纳闷，今春究竟是遇到什么魔力了，催生出的春味竟如此浓烈，如此慷慨！

# 别小瞧蚂蚁

也不知从什么时间开始，厨房案台上总有成群的蚂蚁出没，很细小的一种，浑身红黄色。太太绝不敢碰它们，每次遇见蚂蚁出没，就叫喊着要我过去。我先用一张餐巾纸，将蚂蚁一个个轻轻按住，碾死，然后用纸再来回抹几遍，将碾死的蚂蚁统统收拢到餐巾纸中，扔进垃圾桶。动作特麻利、快捷，自认为是灭蚂蚁的高手。

然而，蚂蚁总也追杀不尽。不时又从瓷砖缝隙中钻将出来，与我辈争夺食物。更让人不能忍受的是，蚂蚁居然会咬人，一朝被小蚂蚁咬上一口，奇痒无比中还夹带着像针扎似的刺痛，比蚊子叮一下的感觉厉害得多。女儿她舅几天前得知我们正饱受蚂蚁的侵扰，特意送来几包灭蚂蚁药，学着广告商的口吻极力推崇说，这种蚂蚁药的药性极强，蚂蚁吃后不但立即毙命，还会像瘟疫一般将倾巢的蚂蚁瘟死。我仔细瞧了瞧送来的蚂蚁药，一种很小的药包，内装如同小黄米粒般的药末。这年头，凡拼命吆喝、推销什么，你就一定不必当真什么，几成规律。所以，对于小舅子介绍的神奇药性我是将信将疑。不过，还是按照小舅子教的方法，将药粉散在蚂蚁经常出没的地方。不一会儿工夫，小蚂蚁成群结队地出现了。显然，药粉溢散着一种我们根本闻不到的特殊气味，将蚂蚁诱引来。

我和太太围在旁边仔细地观察，好家伙！只见一只只蚂蚁争先恐后将一粒粒药末分而包抄，推的推，扛的扛，拽的拽，像电影中在鬼子眼皮底下抢运粮食的敌后武工队员似的，你来我往快速地移动着。最令人惊奇的是，竟没有一个蚂蚁将抢到手的药粒先行吞食掉，哪怕偷吃一口的也没有！太太最先发觉了这一情况，要我观察。我睁大眼睛紧盯了好一会儿，果然没有见到有任何一只蚂蚁私吞食物的情况发生，唯见拼命地搬运药粒，你追我赶地奔忙着、抢运着。我假想着如果将此场面放大至人一般大小，那简直是一幅浩浩荡荡、充溢着忘我牺牲精神的战争支前运输画面！太太显然被蚂蚁的这一场景深深打动了，颇有感触地说："看来蚂蚁比人强，你看它们多心齐，多无私！"

　　大约又过去半个多小时，我们再去厨房一看，所散药粉全部被一扫而空，居然一粒不剩！蚂蚁也不知去向，连影子都见不着。今天早起，第一件事就是去厨房查看，结果仍不见蚂蚁的踪影。看来，蚂蚁真的全部呜呼哀哉了。我不甘心，中午再去瞧，仍然不见一只蚂蚁的踪影。蚂蚁的确通通给药死了，不知怎的，心里旋起一阵隐隐的惆怅。

# 红菜汤　酸黄瓜　黑列巴

　　每次回京，亲友团总要轮番宴请我这个"港澳同胞"，征询想吃什么，去哪儿吃，我便会像说顺了嘴似的脱口而出："莫斯科餐厅。"这不，此次回京又去了。其实，每次去都让亲友花冤枉钱。因为我只吃三样菜：红菜汤、酸黄瓜，外加黑列巴，其他一概杜绝。这几样菜肴在俄式西餐中均属于"小菜"类，最普通亦最便宜，到京城最顶级、豪华的莫斯科餐厅吃这类玩意儿，真有点像高射炮打蚊子，很不划算。

　　位于北京农展馆西侧的莫斯科餐厅，是近几十年来我在京期间去过次数最多的一家餐厅。每当步入那十几米高的坚固、气派餐厅前堂的一瞬间，就仿佛厕足于宏伟的莫斯科红场，进入庞大的莫斯科地铁系统，踏进辉煌的克里姆林宫，就会融化成一种无处不在的氛围、空气，变成你的呼吸与视听，心里便溢满温馨与暖意。我发现自己特别想去的地方，总是昔日环境和文化长期熏染之所在。

　　也许是天分，或许是巧合？总之，我一上初中，俄语分数不但居各门功课之首，而且在全班亦数一数二，故很快被选为俄语课代表，初中三年连选连任。有道是，优秀与鼓励是孩子兴趣养成的两件法宝。我正靠这两件法宝的催生，日渐迷恋上了俄罗斯文学作品。如尼·奥斯特洛夫斯基的《钢铁是怎样炼成的》、托尔斯泰的《战争与和平》、肖洛霍夫的《静静的顿河》、高尔基的《我的大学》、普希金诗歌等，成为我最早接触到的外国文学作品。妈妈当过音乐老师，大概我五音尚全的嗓子就源于她的基因，从小爱唱歌。妈妈夸我"乐感不错"，当时的我哪里懂得什么叫乐感，只晓得重复听别人唱几遍的歌，就能跟着曲子哼出来，无师自通。至今我最爱唱的苏联歌曲《莫斯科郊外的晚上》《喀秋莎》《红莓花儿开》《小路》《三套车》等，好像从来没有人教我，也不知道怎么就会唱了，而且打小就会。

我特别喜欢听手风琴拉出的悠远、深沉、回味无穷的俄罗斯民歌，为此，高中阶段，我还专门报名参加了学校音乐老师组织的课外兴趣小组，学练过一段手风琴呢。只可惜学习任务太繁重，没能坚持下去。一九九二年五月初的一个黄昏，本报赴俄采访组一行三人从吐库曼首都阿什哈巴德飞抵莫斯科的当天，就由下榻的宾馆——中国驻俄罗斯大使馆招待所出来遛弯儿。大使馆对面隔条马路是一大片幽静的白桦林，我像发现新大陆似的大喊："咱们去白桦林！"

像是一片天然树林，又不像天然树林。说它像，是因为林子很大，郁郁葱葱，不知尽头伸向何方；说它不像，因林内花丛、蜿蜒小路、石凳、木椅又系人工布景。一眼望去，镀着银辉、挺拔相挽的白桦林春意盎然，碧绿如洗。火红的郁金香一簇一簇，透着醉人的芬芳。树丛、花草相映，木椅、石凳相间，加上一条弯弯曲曲的白色小路，是那么随意，又那么透着灵韵，一石一木、一花一草都见匠心。

我们沿着白色小路，闲悠信步。越往林子深处一步步走去，万物亦一步步走入清幽、静谧。从林木缝隙透过来的夕阳的光线，一寸寸在隐没。好在有流萤在眼前上下翻飞，给暮色带来动感。我们张开大口，一口口贪婪地吞吸着林子的空气，恨不得将空气中飘逸的树木、青草和泥土的气息，连同这些"小家伙"一块儿吸进肚子里，载着它们返回北京去。

此时此刻，像有一股清泉水，从我的心底潜潜流过，浑身涌起异样的冲动。我曾对博友说过，我是在冬季里长大的。在那个深入亚洲腹部的遥远的新疆，冬季漫长，曾创下摄氏零下五十多度的天寒纪录。它历练出新疆人的耐寒性格，亦映衬出白桦树不屈的生命力。因为，新疆北部尤其是阿尔金山脉腹地，满山遍野也生长着白桦林。我从小就是在那里与白桦树相识、相熟，乃至深深地印在心里，仿佛白桦树与我有着血缘一般的亲情！

人的每一步成长，都无可避免地被打上所处时代的烙印。有些东西，成为一种暗物质在我的骨髓里生长。我们六十岁上下这一代人是吃俄罗斯文学的奶长大。读书求学时，正赶上全国高唱"嗨啦啦啦啦，嗨啦啦啦啦，天空出彩霞呀，地上开红花呀。苏联老大哥呀，帮助咱们兴国家呀，全世界人民拍手笑呀，帝国主义害了怕呀"！这是一段耳熟能详的旋律；那年月的新疆，上高小就开设有俄语课，邻居阿姨就是一位"苏联洋婆子"，这是一段凝固的时光。

至今想来，心中总也抹不去的那片俄罗斯"绿荫"，大概就是此时落下的籽种。之后，独霸中国图书市场的大量苏联文学作品，再度将嗷嗷待哺的我浸泡其中。不仅获知白桦林就是俄罗斯民族的象征，而且亦深切地体悟到，白桦林乃俄罗斯作家灵魂的栖身处。你瞧，大文豪列夫·托尔斯泰长期就居住在白桦林中，短篇小说家契诃夫在其小说中挑白了说："森林能使土地变得更美丽，能培养我们的美感，能陶冶我们的灵魂。"而"俄罗斯诗歌的太阳"——普希金，更对白桦林钟爱有加。他那首著名的诗歌《静静的白桦林》，红盛一时，曾拨响过多少青春心坎上那根最敏感的琴弦：

　　　　你可曾听见林中歌声响在夜阑，
　　　　一个歌者在诉说着爱情与伤感？
　　　　清晨的时光，天野静悄悄，
　　　　芦笛的声音纯朴而又幽怨，
　　　　你可曾听见？

　　　　你可曾见过他，在那幽暗的林间，
　　　　一个歌者在诉说着爱情与伤感？
　　　　你可曾看到他的泪水、他的微笑，
　　　　他愁绪满怀，他目光暗淡，你可曾发现？

# 再忆杭州

那几天，G20在杭州召开，各种媒体将一个如梦似幻的新杭州，全方位、大角度地呈现在世人面前，令人心向之、情系之。

倏地，想起苏轼当年出任杭州知州时写的一首词《青玉案·送伯固归吴中》。这是苏轼为送别友人苏坚（伯固）归故里而作。苏轼与苏坚虽为上下级，但两人感情甚笃，苏轼治理西湖多得苏坚的扶助。苏坚的离去，令苏轼触景生情，联想到自己的归期，浮想联翩，无限伤感。词的下半阕云："作个归期天定许，春衫犹是，小蛮针线，曾湿西湖雨。"想到自己的春衫曾经被西湖雨水打湿，又联想到这件春衫是小蛮（歌女）亲手缝制，人还未走，眷恋西湖、眷恋杭州的难舍之情，已油然而生。恨不得变成一株垂柳，留下来，陪她。

苏轼与杭州缘分真的不浅。他曾两度来杭州任职，前后加起来虽不过五年，杭州人至今却很感念苏轼。当年他带领百姓疏浚西湖，修筑的一道普普通通的土坝，如今竟成为西湖仪静体闲、柔情绰态的一处美景——苏堤春晓。传说苏轼为了犒劳筑堤民工，将猪肉用酒烧好送往工地，如今这道菜起名"东坡肉"，也成为杭州一道享誉海内外的名菜。历史上，曾在杭州出任过知州又有所作为的何止十位八位，唯苏轼一人受到杭州人的格外青睐、厚爱，这就是缘分。

　　其实，历史能否真正记住一个人，并不仅仅在于他做了多少实事、好事，更是因为他留给后人的文化遗产有多少，留给人们心灵的撞击有多深。心有灵犀一点通，缘分就是心灵的相通。想必杭州人记住苏轼，除了他为杭州做了许多造福百姓的实事而外，更缘于他为西湖山水留下了太多千古绝唱，为西湖山水赋予了太多心灵感应，为杭州美景添加了太多文化内涵。杭州因有了苏东坡，而成了更让人感念的城市。

# "普氏野马"在新疆消失的最后记录

　　"普氏野马"曾被认为是地球上唯一还存活的野生马，而中国新疆又被认为是地球上唯一还存有"普氏野马"行踪的地方。"普氏野马"的祖先是地球上最早的马——始祖马，它保留着地球上唯一马的原始基因，具有别的物种无法比拟的生物学意义。为解开我国新疆到底还有没有"普氏野马"之谜，二十世纪八十年代初，中国科学院新疆生物土壤沙漠研究所与中国科学院动物研究所曾组织庞大的考察队，与此同时，新疆林业厅也先后组织了中国科学院、新疆大学、新疆八一农学院等单位，沿中蒙边境北塔山一带，连续进行了三个夏季的考察搜索，均无功而返。这期间，笔者作为《中国青年报》记者，曾详细追踪、报道过这一事件，引发了读者极大的兴趣。而今，几十年过去了，"普氏野马"究竟找到了没有？一直记挂于心。

　　"普氏野马"原名叫蒙古野马。在人类有史之前，蒙古野马就栖息于现在的蒙古、中国一带。到了十九世纪末，由于其他种类的野马彻底灭绝，蒙古野马成了世界上唯一仅存的野马。一八八三年至一八八五年，俄国著名探险家、旅行家普热瓦尔斯基率领探险队，在蒙古、中国新疆、西藏之间的山区，做第四次中亚旅行。当行至新疆阿尔金山山麓附近，"第一次见到这里有一种野马"，于是就捕杀了一匹，带回了这种野马皮，制成标本。经研究发现，这是一个新种类。从此，"蒙古野马"名声大噪，被命名为"普热瓦尔斯基野马"，简称"普氏野马"。从那时起，中国新疆发现野马的消息迅速传开了。西方国家对野马产生了浓烈的兴趣，纷纷派出考察队、探险队，远涉中国新疆、蒙古大量捕获野马并运回国内。据一九八五年的统计，现在仅存于德、英、美等世界各国动物园和私家养殖场的大约一千匹野马，都是十九世纪末至二十世纪初，从我国准噶尔盆地和蒙古西南边境捕捉过去的"普氏野马"的后裔。

"普氏野马"系草原野马的代表种。它体高 102 厘米—135 厘米，头粗大，鼻端广，两颊和下颌骨下有刺状长毛，鬃毛稀疏，鬣毛短硬直立，微垂于侧方。尾似驴尾。毛短而粗刚。颈短，躯体宽大。胸腹部充实。背毛呈淡黄至淡褐色，背中有暗色背线。口唇、耳内侧及下腹呈白色。尾鬣及四肢下部均为黑色，足无距毛，蹄狭小。这些都是干燥草原与大陆性气候条件下，草原野马所特有的结构与体质。

新疆还有没有野生的"普氏野马"？如果没有，那么地球上就再也没有野生的野马了；如果在新疆原野上发现还有"普氏野马"，无论其现实价值还是学术价值，都不在珍贵的大熊猫之下。因此，全世界动物学界都异常关注这个问题。

从"普氏野马"被命名到如今，仅仅一百年左右的时间，"普氏野马"就遭遇灭顶之灾！据记载，直到二十世纪四十年代，仍然可在新疆荒野上遇见野马群。但到了二十世纪六十年代，便只能见到单个或小群野马了。在蒙古境内，考察队最后一次见到野马的时间是在一九六九年，一九七一年仅有猎人见到过单个野马，此后便销声匿迹了。故此，蒙古学者正式对外宣布，野马在其境内已经绝迹了！

所以，从那时起，人们便将视野移至最后一个地点——中国新疆，"普氏野马"在新疆到底还有没有呢？以下是笔者当初查到的记录：

一九七三年，解放军驻军军官在将军庙（东经90° 15′，北纬44° 50′）见到一次一匹；

一九七九年，解放军驻军军官和战士一起，在大、小哈甫提克山之间（东经90° 02′，北纬44° 04′）见到两次两匹；

一九八〇年夏，新疆地质工作者在卡拉麦里山南麓（东经90° 00′，北纬45° 00′）前后半个月遇见八次。同年秋，当地民兵在小哈甫克山黄羊泉附近（东经91° 02′，北纬45° 58′）见到一次一匹；

一九八二年春，解放军驻军军官、战士在汉泉附近（东经90° 02′，北纬44° 58′）于五十米距离内，见到雄性野马一匹。同年夏，中蒙边境联合勘测大队中方人员，在边境旁（东经90° 30′，北纬45° 00′）见到一次一匹。同年秋，解放军驻军军官二人在中蒙边境旁（东经93° 40′，北纬44° 55′）约三百米距离内见到一次一匹；

……

上述来自野马故乡的目击者见到野马的报告，使全世界动物学界为之大振！一九八〇年夏季，一支由中国科学院新疆生物土壤沙漠研究所与中国科学院动物研究所组织的考察队，向野马原分布区进发了。野马原分布区大部分位于我国境内，这里自然条件异常严酷，区域内主要为沙漠、砾漠、灌木荒漠和半灌木荒漠所占据。并分布有条块状的真草原、荒漠化草原、河流、泉水等隐域性景观。正是这荒漠中的"湿岛"，为野马的生存提供了较适宜的环境条件。但是，近几十年来，人类的经济开发，侵占了野马原分布区两翼，改变了原有的生态条件，野马被迫逃之夭夭。只有分布区中段中央的北塔山一带，因山峦重叠，沟谷环绕，地形复杂，没有被人类破坏过、装潢过、改造过，故生态环境基本保持原生状况。所以，"普氏野马"很有可能在此残存。

经过三个夏季的艰苦卓绝的努力，考察队涉足了总面积约十万平方公里的范围之后，终于将野马可能生存的范围由原记载的野马分布区，逐渐收缩到中蒙边境北塔山一带的狭小范围内。一九八六年六月，笔者曾专门走访了时任中国科学院新疆生物土壤沙漠研究所动物室副主任谷景和、助理研究员高品宜两位先生，他俩均系当时考察、研究"普氏野马"的主将。

谷景和说，我们是坚信新疆有野马存在的，不然的话，我们就不会这样拼力去寻找野马了。通过考察，我们获得了野马分布区及栖息地生态地理环境变迁的第一手资料，并对其生存状况做出了推断。考察越深入，我们越有一种强烈的紧迫感。因为种种考察迹象表明，如果"普氏野马"还存活于世，那么最多是一个数量已十分稀少、分布区已相当狭小的处于绝灭边缘的残存种。

掐指算来，笔者离开新疆迄今已整整十七年了。岁月已久，但并未随时间的流失而淡忘。新疆的一草一木、一鸟一兽，愈加在我的惦念之中，这当中亦包括"普氏野马"的"下回分解"。时至今日，新疆还有没有野马依然是一个未彻底解开的谜。说它有，但直到今天始终没有捕捉到一匹活野马或拍到一张野马照片来证实；说它没有，可野马恍恍惚惚的踪影，又不时被人撞见。

然而，许多人宁可信其无，不愿信其有。这是因为大自然的"原版"和"原色"正在急遽消失，人类创造出比二十世纪更多更多的财富，却是以透支和加速耗尽地球上那些不可再生的资源为前提的。"普氏野马"的消亡，恰恰是此种悲剧的一个缩影。为了不使后人对我们这些既不瞻前也不顾后的当代人，产生"绵绵无绝期"的长恨，一九八六年中国从美国、英国和德国引进了十八匹人工圈养了上百年的"普氏野马"，在其故乡新疆准噶尔盆地吉木萨尔县境内建立了野马繁殖研究中心，开始了野马的繁育和科研工作，最终目的是将其放归大自然，使其成为野性十足的真正野马，再现其祖先纵横大漠草原的雄姿。

截至目前，"中心"记录在册的野马已达三百多匹，并逐渐度过了适应关、繁殖关，现已成功繁殖了第四代野马，繁殖成活率达80%以上。二〇〇一年八月二十八日，这个野马繁殖研究中心终于首选了二十七匹野马放回大自然，这是人类第一次"放马归山"的壮举。经过专家、技术人员多年的跟踪研究，野马在野外适应性和野性正在逐渐恢复。眼下，野放的野马共四十五匹，分成五个群体，其中野外繁殖成活马驹共十八匹。

凭借着上述"成果"，似乎"普氏野马""复野"有望了，也可能有一天还会与藏匿已久的真正野马不期而遇，共同"再造"祖先的辉煌。但是，人们且慢庆贺！即便未来"普氏野马"可以重塑，可野马赖以生存的"原版"环境却一天天消泯，再造的野马亦无回旋的余地。我想说的是，人类在想方设法恢复野马种群的同时，更重要的是，别忘了保护好野马赖以生存的环境。

# 为新疆"馕"点赞

　　打小吃新疆饭长大，虽然离开新疆已经几十年了，但仍以新疆饭为最爱。老了老了，胃亦开始"返祖"，吃了十几年的粤菜，越吃越觉得没胃口，反倒对新疆饭馋得流口水，几天不吃就想得慌。尤其是"馕"，隔三岔五一定要去珠海几家穆斯林餐厅，买几个刚出炉的香喷喷、热酥酥的馕解解馋。热馕一到手，就有点急不可耐，没等到家，路上就掰一块再一块地吃不够，等到家时，一个馕已经下肚了。

　　馕，是新疆维吾尔族同胞男女老幼三餐须臾离不开的一种主要面食品，二十世纪七八十年代之前，无论城乡几乎家家都自己烤制。通常馕的外形像一面铜锣，大小不等，中间薄，边沿厚，一般用白面做成。和面时加入适量的盐，烤制时在馕饼的表层上抹一层皮亚子（维吾尔语，即洋葱）丝、葱花、芝麻等佐料，也有的撒一点孜然（维吾尔语，即小茴香）面，最后在馕饼上再戳些花纹，放入馕坑烘烤即成。如今，现代生活节奏加快，新疆除了在农村仍保持自家烤制馕的传统外，城里人早已不再自己烤制馕了，都去街上买现成的吃。

　　而今，不论你走在新疆哪个城镇街道上，最不缺的就是烤制馕的"馕店"，想吃馕，方便得很。实际上，烤制馕在新疆如今已成为一个最广泛、最庞大、最具市场潜力的产业，并逐渐向全国蔓延。其品牌效应亦更是凸显，"阿布拉馕"已成了内地人最抢手的必捎礼品，与新疆传统特产葡萄干、杏干、红枣一样，享誉全国。然而，官方统计部门似乎忘记了这一行业的存在。

说句实话，"阿布拉馕"是这几年才叫响的新品牌，仅内地人或其他民族的顾客认、爱买。在新疆维吾尔族顾客或其他民族老新疆人眼里，还是认老牌子，买传统馕吃。譬如"库车馕"，堪称新疆馕中极品。库车是南疆一重镇，古称"龟兹国"。在品种繁多的库车馕中，最有名的当属"比甲克馕"，"比甲克"是一个村庄的名字，该村依城傍路，古丝绸之路与现今的乌喀公路（乌鲁木齐至喀什）均通过此村庄。这个村烤制的馕面细、色黄、味美，堪称馕中佳品。龟兹国时曾作为贡品上贡朝廷。论个头，在所有馕中，也是库车馕最大，堪称馕中之王，但这种馕只限于过节或办喜事才能享用。我知道的库车馕中，还有乌恰克馕、夹完德馕、托哈西馕、卡特拉馕等，均各有特色。

令人高兴的是，在笔者的推介下，凡吃过新疆馕的澳门、珠海朋友，如今比我还迷恋吃馕，像澳门特区政府新闻局陈局长，尤对新疆饭情有独钟。特别对馕，连同他的太太及两个儿女，一说吃馕，简直乐翻了天！

# 感受伊春

　　伊春位于黑龙江省东北部，地处小兴安岭腹地，与俄罗斯隔江相望，是全国重点国有林区，中国最大的森林城市。森林覆被率高达84.5%，素有"中国林都""红松故乡""天然氧吧"等美誉。到了伊春，浑身上下溢满了一头扑进千秋文化（大自然）怀抱的兴奋，让人惊叹这里真是一片"气象群峰护，天眸一水开，鹅湖集会地"的圣境。

　　这哪里是城啊，到处郁郁苍苍，遮天蔽日，实乃镶嵌在茫茫林海中的一颗珍珠！清代《黑龙江志》这样描述伊春景致："参天巨木，郁郁苍苍，枝干相连，遮天蔽日，绵延三百里不绝。"我从珠海来，时时拿眼前的伊春与珠海做比较。珠海市是二十世纪九十年代被联合国授予的人类宜居城市，城市绿地覆被率高达46%，全年空气质量优质率在全国中等以上城市排名靠前。加上珠海市是全国最早确定的经济特区，又紧挨港澳，无论经济与社会现状及前景，都属于令人向往的东部发达地区。若以公务员工资相比较，伊春市上甘岭区委宣传部副部长的月薪，还不及珠海同职级的五分之一，差距巨大。

　　然而，若以人的整体生存质量相对比，伊春绝对高出珠海一个档次。这里没有车马喧嚣，没有转基因种植，没有催生速生动植物，没有水污染，空气中负氧离子含量高出珠海几十倍甚至上百倍；吃的是纯天然、绿色有机食品，喝的是没有任何污染的山泉水；夏季气候凉爽，不受空调的侵扰，冬季冻死蚊蝇不足奇。伊春人过的是高环保、纯天然、无污染、少疾病、多长寿的优质生活。现代文明生活的真谛究竟是什么？窃以为，伊春模式是也。

如今，医疗技术的进步和医保制度的健全使人们长寿的概率大大增加。然而，最关键的还是良好的生活方式和自我保健措施。英国《卫报》最新载文，总结出"让你活得更久的九件事"，其中之一就是如果有时间，不妨多去长寿地区旅游，感受当地的生活习惯，领略当地绿色环境，为自己的生活寻定一个优质的效仿目标。以黑龙江省伊春市为例，全市森林面积四百万公顷，森林覆被率高达86.5%，排名全国城市第一。全市共有大小河流七百零二条，溪溪源自山泉，水流清澈，鱼翔浅底。远眺四野，"苍崖曲溪花烂漫，山色苍茫欲翠滴""神韵逶迤皆丹青"。置身其中，仿佛就像与一颗至纯至美的心灵晤谈，真的乐不思蜀！

现实生活反复告诫我们，常年身处自然绿色的包围之中，比常年被水泥墙团团围住，寿命不知要延长多少倍；大都市的人寿命，绝对比不过苍崖曲溪的山村人。笔者不清楚伊春人的平均寿命究竟是多少，但绝对比北京、上海、广州等繁华大都市人的平均寿命要高，这一点，应该是毫无疑问的。如果未来的"城镇化"方向，就是砍树毁田，大夯钢筋水泥柱子，就是人扎堆、楼挨楼，这绝对不是大众期盼的，更不是中央要求的。当下，面对如火如荼推进"城镇化"的浪潮，各地方政府千万不能重蹈"穿新鞋走老路"的覆辙，始终将环保、宜居、绿色设为步入"城镇化"的最低门槛，任何情况下均不可逾越，这是一条死杠杠！

关于这一点，伊春是走过一段弯路的，更有深刻历史教训值得借鉴。那是新中国建立初期，刚刚经历过八年抗战又三年内战的摧残，华夏大地早已是满目疮痍、破败不堪。加上以美国为首的西方世界的四面围堵，企图将新生的社会主义中国扼杀于摇篮中。无奈之下，一支原计划开赴抗美援朝前线的部队，因中美朝三方签署"停战协议"，被改派直接开赴小兴安岭，伐木救国！就这样，他们一干就是一辈子，马拉肩扛，风餐露宿，遵循的是"先生产，后生活"的革命原则，据伊春市委宣传部张学衍副部长介绍，新中国建立迄今，伊春为国家建设所贡献的木材，一根连一根排列，可以从地球排至月球六圈半；如果用火车车厢排列，可以从伊春排到三亚。如此巨量的木材，若按今日市价，给伊春镶上三层金边亦富富有余。但是，在那个计划经济年代，木材根本不值钱，伊春人依然过着革命+拼命+勤俭的日子。好不容易赶上了改革开放、市场经济好时代，眼看着木材价格噌噌噌地往上蹿，都快和金子价媲美了，这下伊春人终于盼来发大财的机会了！

孰料，为了国家经济可持续发展，为了造福子孙万代，中央又确定伊春作为全国唯一林业资源型城市经济转型试点市，即由过去的无节制采伐树木到如今的护林造林、实施天然林保护工程。从二〇一三年起，一棵树不许伐！这是死命令，谁也不得违抗，这一来对林区数十万的林业职工生活带来巨大的变化。没法子啊，伊春人靠伐木发财的美梦彻底破灭了，每年只得依赖中央政府划拨的"天保工程"款过日子，手头上紧紧巴巴，饿不死，也富不了。

可这一次，伊春人没有怨言，他们想通了，更想长远了。因为，再像过去几十年那样滥砍滥伐下去，要不了多久，小兴安岭茂密的原始森林就会在自己的手上消失，不但本地人尽享的优质生态环境不复存在，小兴安岭作为我国东北大粮仓的一道安全屏障，作为东北亚地区自然生态的保护屏障，将统统丧失殆尽。伊春人绝不愿再充当自毁家园的凶手，更不能成为人类的罪人！尤其是伊春是作为与恐龙同时代的珍稀物种——红松的故乡，天然红松林面积占中国的50%、世界的30%，被联合国教科文组织纳入世界人与生物圈保护区范围。

故而，保护其秋毫无犯更具有极其特殊的意义。为了祖国的永续发展，为了人类的健康，牺牲小我为大家，宁愿这辈子受穷，也不叫子孙后代受累！正是在这种心态的支撑下，伊春人迄今顶住政企不分的旧体制压力，面对森企包袱沉重、新型产业尚未确立、地方财政乏力、干部职工收入与东部省区差距巨大等诸多困难，正在想方设法探索出一条既能保护林木秋毫无损又能惠及民生的发展道路。

伊春之行，让我们这些久居大都市的人洞天大开：这里空气中负氧离子浓度（被誉为"空气维生素""长寿素"）高达每立方厘米三点五万至八万个，相较于北京每立方厘米四百个（天安门一带每立方厘米才五十个），简直一个天上，一个地下。单凭这一点，伊春人的"幸福指数"比北京人高得去了！在全国万马奔腾的致富路上，伊春人深知自己的优势所在。但如何放大自己的优势，利用自己的优势，后发制人，却并非容易之事，伊春人尚在摸索寻觅之中。

笔者以为，绝不能重蹈其他自然风景区发展的老路，建什么"风景旅游胜地"，以招徕人流挣钱，靠"闹养"谋生。君不见当今生态保护最完美之地，即人类无法侵扰之地。笔者早年在新疆参与过寻找普氏野马的科考活动，科考队纵横天山南北几千里，时间跨越数年，但百寻不见其影。原因在于野马的生存空间已随着人类地盘不断扩大越来越逼仄，其生存环境很可能只剩下中蒙边界之间一片"隔离带"，那里无人进入。这给了我一个十分明确的启示：人迹罕至是目前世界上保护原始自然生态最有效之手段，我们必须自省自警才对。

站在全国看，伊春系当今华夏大地上原始生态保护最完好、破坏最小的原始森林片区之一，亦是当今游人尚未蝗虫般涌进，宾馆、别墅尚未蜂拥而建的地区之一。与它同类的四川九寨沟、新疆喀纳斯等，早已为游人所累，不堪重负。下一步伊春如何发展？笔者认为，千方百计保护好自身"森林覆被率高达86.5%"的独一无二全国优势，保护好全市七百零二条清澈的河流。然后，在此基础上，发展与林业相辅相成的绿色农牧副渔业，把伊春建设成绿色食品、野生药材、野生菌类、军用的粮食和草料生产基地，建成全国疗养、度假、创作、绘画等文化休闲基地。一句话，靠"静养"，即靠输出绿色食品、纯净泉水、有机粮食果蔬等立市，靠输出环保、绿色、养生等最佳示范模式、经验、架构引领时代潮流。而非"闹养"，即走以往大肆引进工商项目，招徕游客、引进"喧闹"的老路。

# 绿色在迪拜最昂贵

众所周知，沙漠之国阿联酋在当今世界的崛起，靠的是其国土地下蕴藏着占世界石油总储量10.8%富饶的石油资源。滚滚石油使得阿联酋这片寸草不生的地方一下子腰缠万贯、穿金戴银起来，进而成为全世界游客趋之若鹜、纷至沓来的地方。

看来，老天爷最公平：你缺水，我就给你油；你缺绿，我就给你钱，绝对令世界上每一片土地都有自我回旋的余地。正如毛泽东所期待的那样："环球同此凉热！"

故而，到阿联酋去看富贵，绫罗绸缎、金银翡玉已太过寻常。因为那里的金子当铜铁一样使用，金屋顶、金丝地毯比比皆是，仅建阿布扎比清真寺用掉的24K黄金就高达二十八吨！说九十三万阿联酋人个个穿金戴银，一点都不夸张，但穿金戴银在阿联酋并非富贵的象征。富不富，要看树。谁家房前屋后树栽得多、花草多、绿地多，谁家就富贵。这才是检验阿联酋人尊与贵的最高标志！阿联酋是个极端缺水的国家，年降雨量平均不到一百毫米，饮用、灌溉用水全部来自海水淡化，水成本高得去了。据说，养一棵树一年水成本为一千美金，一平方米的草坪为三千美金。难怪"富不富要看树"呢。原来，绿色在阿联酋才是最奢侈、最昂贵的东西，这里人们对绿色的奢望高过其他任何东西。

　　所以，到阿联酋最值得看的是绿色，是绿色背后所耗费的巨大代价！珍惜绿色，保护生态，这是我们一行从阿联酋归来的最大、最痛切的感受！！

# 二十年后再访俄罗斯

一九九三年四五月间，笔者曾带着"列宁亲手缔造、巍然屹立于世七十年的第一个社会主义国家体制与制度为何突然倒塌"的惊天震惊和巨大疑问，遍访了刚刚独立不久的中亚五国（哈萨克斯坦、塔吉克斯坦、乌兹别克斯坦、吉尔吉斯斯坦、土库曼斯坦）及俄罗斯，亲眼看见和亲身感受了二十世纪人类历史演变的这一最重大事件，留下了太多印记与思考。二十年后的二〇一三年的九月末十月初，再访俄罗斯，留在记忆中的俄罗斯与眼前的俄罗斯交替出现，相互撞击。这些历经二十年时光淘洗过的"画面"与"场景"，如果能为国人正确了解与把握"苏联解体二十年"这段史实提供一丁点参考与帮助，也算不枉费此行了。

一路上，同行的年轻同事多次问我："曾老师，和二十年前的俄罗斯比，您感受最大的变化是什么？"我不假思索地回答："物质的极大丰富与国产货的骤然消失。"

二十年前踏上俄罗斯国土时，如果问当时最强烈的感受是什么？那就是原苏联轻重工业生产比例长期严重失衡，一方面重工业"强势"处处彰显：国产私人轿车（"伏尔加""拉达"等品牌）充斥大街小巷，与中国尚没有私人汽车形成强烈反差。各类国产民用客机（"图"系列、"伊尔"系列等）多得数不胜数，据中国驻塔吉克斯坦首任商务参赞梁文运先生介绍，仅塔吉克斯坦图一五四型飞机就有四分之一富余，与现代民用客机数量稀少的中国民航业根本不在同一个档次上；但另一方面轻工业却极度落后，日用消费品及食品严重匮乏，俄罗斯及中亚五国所有商店货架上均空空如也，几乎没有什么商品，就连中国生产的暖水瓶、搪瓷品、运动鞋等日常用品，都成了当时这里最紧俏、最时髦的稀缺物，来一批被抢购一批。

食品供应似乎也到了捉襟见肘的地步，面包店里多是黑面包，很少有其他品种，还供应不足，面包店门前常常排着长队。至于蔬菜水果，更严重不足。翻开当年我的采访笔记，上面记录有许多这方面的见闻，不妨抄录几段：塔吉克斯坦首都杜尚别"市场上几乎是空的，食品奇缺，只有点水果罐头。肉食还不算太缺，但国营商店里几乎没有"；"杜尚别鲁达克路食品店一天的销售额只有一千多卢布（卢布与人民币的比值为13：1）"；"从塔吉克斯坦首都杜尚别到土库曼斯坦首都阿什哈巴德的机票价为三百一十八卢布"，"上了飞机意外供应了一顿早餐，如同供给幼儿园小孩儿的数量相当：一小薄片黑面包、一块饼干、两片肉肠，外加一小碗茶水"；"俄航班机上的餐食不论数量、质量与中国航班均无法相比。""在俄罗斯机场，行李手推车居然要钱，用一辆六十卢布。我们用了两辆，付费一百二十卢布"；"两年前，十戈比一盒的食盐，现在要五个卢布，食品涨价了八至十倍，轻工品涨价二十倍"……

二十年转眼过去了。如今再次进入这个大国，在笔者看来，最突出、最直观的变化，就是物质极大地丰富起来。与现时的中国一样，各类生活日用品应有尽有，商店、超市中吃的、喝的、用的，要什么有什么，琳琅满目，令人眼花缭乱。与二十年前相比，真是一个天上，一个地下！不瞒你说，我从俄罗斯访问归来，仅带回一样东西：一大兜各色面包，因为太好吃了。

再就是满街川流不息的车流，堵得人心慌意乱，尤其在首都莫斯科。原以为北京是世界上堵车最严重的城市。到了莫斯科才知道，这里才是世界上道路堵塞首屈一指的城市。用本报驻欧亚分社记者晓东的话说，"莫斯科堪称'世界首堵（首都）'"。我们在莫斯科采访的四天中，平均每天花在路上的时间至少在三四个小时以上。有两个早上，笔者特意爬起来，站在房间临街的窗户旁，仔细观察楼下街道上的堵车状况，大约早上七点左右就开始堵车了，车流缓慢，一辆挨着一辆。

在莫斯科采访的四天中，每天为我们服务的塔吉克族司机——一位健壮的中年男子，逢到堵车时不慌不忙，静静地坐在驾驶椅上，一声不吭。只要车流一动，说时迟那时快，我们的车立马就动，分秒不差就能跟随上。一旦遇有见缝插针的机会，我们这辆二十四座的"考斯特"旅行车绝对不落后，定能抢先第一个"插"进去。看得出来，他是一位久经堵车历练过的优秀驾驶员。

也许因为二十年前留在笔者脑海中的俄罗斯太过深刻、太过刺激，以至于刚抵莫斯科就敏感地察觉，满街的车辆几乎全是外国货。后经过多天的细心观察，不论是在莫斯科还是圣彼得堡，所见车辆均为"世界流行车"：德国奔驰、宝马、大众，日本丰田、尼桑、凌志、马自达，欧洲路虎、沃尔沃等等，应有尽有。可以这么说，在中国见过的所有外国车系，在这里全有。但区别在于：在中国，多是中国与外国合资生产的世界"流行车"，也叫"国产车"；在俄罗斯，"世界流行车"全系纯进口车。俄罗斯纯国产车如苏联时期著名的品牌车"伏尔加"、"拉达"轿车在市面上已基本消失，偶尔在满街的车流中捕捉到一辆，看上去破旧得不能再破旧，落后得不能再落后，真有点格格不入，与周围的车流泾渭分明。据说这两款国产小轿车早已停产，不知是真是假，但这无疑是一个巨大的变化。

这次俄罗斯之行我发现，不仅国产汽车退出了俄罗斯市场，苏联时期盛产的图系列、伊尔系列等民航客机亦退出了俄罗斯航空业。俄罗斯图系列、伊尔系列民航客机是中国民众十分熟悉的飞机，当年在中国民航客机中也几乎占据统治地位。前些年，由于图系列客机屡屡发生事故，中国民航已将所有图系列客机停飞。没想到俄罗斯自己亦将图系列、伊尔系列等国产客机"逐出"了市场。究竟何因？没有打听出来。但在俄罗斯及圣彼得堡机场所见到的俄罗斯客机，或我们返程时搭乘的俄航班机，均为美国波音系列及欧洲空客系列客机。这确实令我大为吃惊！

想当年，享誉世界的苏联强大的航空工业及汽车工业，与美国、欧洲并驾齐驱，绝对有一拼。时隔二十年后，为何毅然决然放弃了自己在这方面的优势？或许是俄罗斯对消费品"国产化"的理解与我们不同？但在笔者心里，却多多少少感到有点那个。

# 二

采访罗伊·梅德韦杰夫先生，是报社事先敲定的题目并安排好的采访行程。这之前，说句献丑的话，对这位当代俄罗斯著名历史学家、政论家及其丰厚的著作，我竟一无所知。上了飞往莫斯科的班机，刚一落座，飞机尚未起飞，同行的《环球时报》执行副主编黄蕾递给我一本《苏联的最后一年》，说："曾老师你看看，这本书的作者罗伊·梅德韦杰夫，就是我们此行要访问的人物之一。"没想到，才翻看几页便被它牢牢吸引住了。以致整整七个半小时枯燥而漫长的飞行途中，这本书将我彻底"解救"出来，没感到丝毫的不适与难受，反倒觉得时间过得飞快。这是我迄今所看到的剖析苏联解体内幕最深刻、最客观亦最具权威的一本书，颇受震撼与启发。甚而读到精辟之处，竟唤起年轻时的习惯，随即拿出小本子，在周围乘客一片昏睡之中，边看边做摘录：

——意识形态一直是社会和国家的主要支柱之一，因此，任何大规模的改革都需要有意识形态的依据。

——改革必须在强化推行改革者自身权威的基础上进行，方可控。

——即便在苏联解体时期的内外交困中，俄罗斯人排队和坐地铁都能默默读书，现在依然。学习真正成了他们的信仰。

——任何改革必须在政权可控的范围内进行。不可控的改革是摧毁政权的催化剂……

如此鞭辟入里的总结，深深触动了我。读其书如晤其人。不由得对这位采访对象产生了浓厚兴趣。抵达莫斯科的第二天一早，采访日程中的第一项安排即去见罗伊·梅德韦杰夫先生。本来约好上午十一点到他家，怕路上堵车，九点钟我们就从宾馆乘车出发了。如果不堵车的话，三十分钟即可到达。但为保险起见，足足多打了一个半小时的富余。因为同行的黄蕾事先为大家准备的"功课"中，对罗伊·梅德韦杰夫有如下介绍："俄罗斯著名历史学家、政论家，曾出任苏联最高苏维埃代表、苏共中央委员。在苏联时期是著名的异见分子，但其后期出版的《苏联的最后一年》，以局外人的视角，对苏联解体的原因做了客观沉痛的反思。"按照在国内采访经验——对类似这种权威人物的采访"宁可他失礼、绝不能你失礼"的原则，整整提前了一个小时到达他在莫斯科郊外的一幢别墅前。

来得太早，怕打扰他休息，只好在车上静候了十多分钟。外面淅淅沥沥正下着小雨，天气很冷。罗伊·梅德韦杰夫家的黑色双扇铁大门紧闭着，数十米长的砖砌围墙内树木茂盛，郁郁树丛中，一幢三层楼高的老旧别墅，露出白色的侧影。周围空寂无人，仿佛像一处被遗忘了的角落。时间一分一分过去了，蓦然，大家不约而同地觉得，如此宝贵的时间岂能白白浪费，还是打电话向他通报一下我们到了为好！

电话接通了，他的家人回答说，罗伊·梅德韦杰夫早已在等候你们的到来呢。进入院门后，说实话，眼前的景象，与我先前的预想有很大差距。庭院挺大，别墅只占庭院的一个角。但我们没有被迎进别墅，而是被带向庭院深处的一排木屋。穿过冷雨中的庭院，满目萧瑟，树木花草久未打理，给人一片杂乱荒野的感觉。木屋年久失修，是一小间房一小间房连串起的一间大屋，只有一扇大门。进门后像穿越地道似的，曲里拐弯，穿过一屋又一屋，最后到达最里间——这是一间书房，二十平方米左右，琳琅满目，挤挤巴巴，几乎无下脚的地方。显然这位"大家"是要在这里接受我们的采访。趁受访者未到之际，我赶快抓拍了几张"屋景"照。不一会儿工夫，罗伊·梅德韦杰夫就到了。只见他背驼得很厉害，完全直不起身来，腰呈九十度直角，整个上身与地面平行。居然没有人搀扶，独自一人向书桌旁的转椅艰难地走去。这一刹那，笔者心里突然一阵懊悔：觉得实在不该来打搅他老人家。

我在想，一位苏联时期著名的异见分子，换句话说，一位现政权的先驱者、催生者，一位享誉世界的历史学家、政论家，似乎并没有受得当局和社会多少优待与照顾。这位八十八岁高龄的"大功臣"、大学者，身边除了亲人，没有配备助手，哪怕是一个保姆！整整两个多小时访谈，他不急不缓，思路清晰，娓娓道来，精神矍铄。其间一滴水未进，因为没有人为他端茶递水。我问他，国家对你的生活有补贴吗？回答说，每月除了一万八千卢布的养老金，没有其他补贴。按当下俄罗斯的收入情况比较，一万八千卢布（折合人民币三千六百元）实在太低，与他的地位、成就实不相配。

据俄罗斯最大的独立、非官方民意调查与社会研究机构——列瓦达舆情调查中心采访主任古德科夫接受我们采访时透露，目前莫斯科人均月工资为一千三百美元（折合四万一千六百卢布）。在莫斯科当一名快递员，月工资少于三万卢布雇不到人。大学生毕业找工作，工资少于五万块不干！"莫斯科是个非常昂贵的城市"，以高工资、高物价排名全俄第一，全俄94%的富翁都居住在这里。

即使这样，老人家每日大部分时间都待在这间简陋的书房里，看书写作。这些年仅在中国出版的书籍就多达二十种，最新的一本书名为"苏联最后五年"。一个不被利禄、高位绑架的人，一个耐得住寂寞与清贫的人，一个垂垂老矣而时刻不忘肩负责任的学者，其著作的真实性与可信度是不容置疑的。正如他的访谈拉近了历史与现实的距离一样，谁也不会相信出自他之手的历史论述与评判，会附加任何见不得人的因素。这也是我对罗伊·梅德韦杰夫先生的最深印象。

## 三

创建于一九六六年九月的俄罗斯科学院远东研究所，是俄罗斯科学院重点研究所之一，其研究范围包括俄罗斯与中国、日本、朝鲜半岛的关系，以及上述地区的社会经济发展状况、历史、哲学、文化、民族等问题。该所的中国研究实力尤其雄厚，被誉为俄罗斯的"汉学家摇篮"。而担任该所所长长达二十七年之久的哈伊尔·列昂季耶维奇·季塔连科，更是一位"中国通"，汉语汉字驾轻就熟，对中国历史与现实了如指掌。

可以说，长期以来包括苏联时期在内，该所一直是当局倚为干城的"核心智库"，有关俄罗斯远东战略的定位与布局，尤其是俄中战略关系走向、政策的重大思考与建议，均出自这个研究所，它作为俄罗斯远东政策尤其俄中关系的"推手"备受当局的信赖和依靠。一如季塔连科所坦露的："幸好俄罗斯的新任领导人叶利钦并未听从其美国顾问的话，而是听取了我们远东研究所的建议，保持与中国的正常关系。远东研究所一贯主张俄中应建立睦邻友好关系，我们在这方面做了很多事。一九九六年，俄中建立了战略协作伙伴关系。二〇〇一年，又签订了《俄中睦邻友好合作条约》。"换句话说，近四十多年来俄中关系的走向与发展，始终没有脱离过该所"研究成果"的巨大影响。所以，任何一个试图探讨中俄关系的中国专家学者或爱好者，如果不与俄罗斯科学院远东研究所进行接触，不同季塔连科对话，那可真有点瞎子摸象了。此行俄罗斯，我以为最重要的行程安排莫过于走进俄罗斯科学院远东研究所，最大的收获莫过于与季塔连科所长用汉语面对面进行畅谈。他所谈观点与论断或许有我不能认同的地方，但对这样一个远距离孜孜钻研中国、充满浓郁中国氛围的研究所，这么一位熟悉中国古今、酷爱中国及中国文化、毕生献给俄中友好事业的所长，不能不油然而生敬意。

## 四

刚刚过去的"十一"黄金周，中国游客向全世界又炫耀了一把。据新华网报道，"'十一'长假期间，英国的高端品牌店内随处可见中国游客的身影"。英国媒体报道得更生动详细，说"伦敦的街头突然多了许多来过'黄金周'的中国游客，他们跟来自中东的客人一样富有，花起钱来'毫不心疼'"，"平均每位中国游客在英国购买八千英镑（约合七万八千三百五十四元人民币）的商品。中国人的消费力连中东'土豪'都相形见绌。"据国内舆论场报道，多年来奢侈品消费以高于GDP增长三倍的速度"疯长"，奢华名车在中国销量最高、几乎所有奢侈品品牌在中国都有分店、消费人群过亿、占世界奢侈品消费份额的28%。奢侈品消费正在打破一个又一个纪录，二〇〇八年中国已成为世界第二大奢侈品消费国，二〇一一年底一举超越日本成为全球第一的奢侈品消费国。

读罢上述消息，无论如何让人高兴不起来，这显然不是一个健康的征兆。无独有偶，"十一"黄金周期间，我们在莫斯科与俄罗斯《真理报》总编辑晤面时，总编辑特意提起这件事，痛惜地说："我们不愿意在《真理报》上登出来。"言外之意觉得这则消息绝非"正能量"，有损中国形象，并善意地提醒我们说："只有一句话，你们要小心才是。"

俄罗斯朋友对中国的深情厚谊令人感动，而这位总编辑对舆论场的高度警醒与精确把握更深深触动了我们。毋庸置疑，中国成为全球占有率最大的奢侈品消费国与我国经济快速发展、人民收入水平大幅度提高有直接关系。改革开放三十多年来，我国人均GDP已成功跨越一千美元、三千美元和五千美元大关，居民消费结构升级明显加快，对生活质量的追求也越来越高，享受型消费需求显著增强。特别是随着富有人群及中产阶级的快速壮大，对于各类奢侈品的追捧与狂热更是年年倍增。但是，国富民强与奢侈品的泛滥毕竟是两码事，富裕"异化"出的奢侈腐败，与富裕的内涵势不两立。就像圣彼得堡叶卡捷琳娜宫中的"琥珀屋"一样，极尽奢华。但却成为沙皇帝国走向灭亡的象征，最终被牢牢地钉在历史的耻辱柱上。

"历览前贤国与家，成由勤俭败由奢。"这是中国几千年艰辛历史留下来的立国之髓与持家之典，亦是涵盖全球、深刻总结人类社会发展规律的"普世价值"。如今，刚刚摆脱贫困走上富裕的许多国人似乎忘记这一点，热衷奢华，炫耀"豪""金"。国内舆论场更是一股脑儿、不加区别地将广大消费者消费结构的提升，与少数人对各类奢侈品的追捧与狂热混为一谈，甚至把"中国消费者成为全球奢侈品行业的支柱"视为国力强盛的"标记"和举世"成就"加以宣传。以至于追求奢侈品消费愈来愈成为社会上尤其青年人中的一种倾向、一股潮流、一种时尚。要我说，这无疑是一个具有"颠覆性"的倾向与趋势，必须引起全社会的百倍警惕才是。

如今，中国确实国力强了，中国民众的生活好起来了，但正如李克强总理指出的，"中国不是一个发达国家"，不提倡高档消费应成为我们的基本国策之一。即便将来有一天中国进入到发达国家的行列，也绝不能抛弃勤俭这个"传家宝"，骄奢淫逸永远是一剂引发祸端的毒药。

环顾古今中外，"以俭得之，以奢失之"的前车之鉴数不胜数，"一粥一饭，当思来之不易；半丝半缕，恒念物力维艰"的成功故事层出不穷。这是历史留给后人最重要、最基本的经验教训与成败范例，须臾不能忘。"中国奢侈品消费全球排名第一"并非值得炫耀的"成就"与"好事"，它确像一记警钟，轰响在我们耳边！

## 五

近来，一则有关俄罗斯推行永久免费医疗的报道，被国内媒体包括网民们炒得沸沸扬扬。故也成了我们此行俄罗斯的一大关注点。其实，这则消息仅仅是依据俄罗斯卫生部部长最近在全俄医疗媒体论坛上的一句"俄将按照宪法的规定继续推行免费全民医疗保险制度"的讲话而采写出来的，应该说这条消息交代得不是很清楚。实际上，俄罗斯一直实行的是全民免费医疗，只要你是俄罗斯公民，只要得了病，不管什么病，甚至都不管你是不是俄罗斯公民，只要在俄罗斯境内的任何人得了病，救护车就给你往公立医院拉，就给你治。除了药费外，包括门诊费、手术费、住院费、治疗费、急救费（包括救护车费）等在内的其他医疗服务项目均实行免费。这一切，早在苏联时期就推行已久，俄罗斯只不过传承了苏联时期的医疗保障体系，沿袭了苏联的公费医疗制度罢了。

不仅如此，现今俄罗斯公民享有的其他社会福利，包括供水、供暖、供气、供热（如通往城乡每家每户的自来水、暖气、热水、天然气等）、免费教育、免费住房等等，均为苏联留下来的"遗产"。昔日全部实行免费，由苏联政府承担，老百姓一分钱不掏。这是一笔无比庞大的开支，亦成了苏联解体、俄罗斯转型重击之下的俄罗斯当局难以为继的沉重负担。因为当时俄罗斯国民经济已处于"分崩离析"的状态，又碰巧遇上东南亚金融危机爆发，仅欠外债就高达一千亿美元以上。整个俄罗斯看上去像一位重病患者，十分虚弱。

需要强调指出的是，在内外交困的恶劣情势下，俄罗斯当局特别是普京当政以来，克服重重困难，逐步摆脱了初期衰退、混乱的局面，使整个经济走上恢复、增长的轨道。二○○八年国内生产总值已是二○○○年的六点四倍，增长速度惊人。与此同时，俄罗斯中央政府的钱包迅速鼓胀起来，二○○八年的财政预算收入是二○○○年的七点六倍，很快提前偿还了95%的外债，包括从苏联继承下来的巨额外债。随着财力大增，当局千方百计确保民生，社会养老保险、医疗保险、教育补助、住房补助有了基本稳定的来源，从而维系了原有的生活模式基本不变，并在这种变与不变中保持了俄罗斯社会的稳定，维护了俄罗斯的统一版图及世界大国的地位，其成就可圈可点。

为了进一步了解到基层百姓的真实情况，笔者联系了一户莫斯科家庭，并征得主人的同意走访了这户家庭。这是一户殷实的三口之家，夫妻俩加一个刚读中学的男孩儿。夫妻俩均为高级知识分子，男的原在莫斯科能源研究所做高级研究员，后下海经商；女的一直当教师，并业余兼职做中文翻译等。三口人住三室两厅共一百三十六平方米（使用面积）的单元楼房，室内装潢、布置得非常典雅、贵气，过厅、餐厅的墙壁均是请知名画家亲笔绘就的古典彩图。整个屋内充盈着极浓的文化氛围。

看得出来，此家庭收入不菲。男主人告诉我们，此房是二〇〇五年自己花钱买的，原先政府分配的免费住宅（每人十八平方米）出租赚钱。记者问：你们属不属于一个"中产阶级家庭"？男主人回答得很巧妙：莫斯科中产阶级家庭没有一个标准，只有一些文化标准，譬如经常带孩子去看歌剧、芭蕾舞等。这在莫斯科是一种彰显身份、地位的高档享受，因为一张票价上万卢布左右。显然，这个家庭能看得起，也办得到。

　　主人热情好客，预备了一桌好吃的，我们围坐在一起边吃边聊。夫妻俩有问必答，毫无避讳，非常坦诚，话题自然集中在家庭的衣食住行上。男主人告诉我们，莫斯科是一个非常昂贵的城市，人均工资为四万一千六百卢布，物价贵得要死。二〇〇〇年同样的钱，能买现在的二三倍东西。二〇〇五年搬进这套住房时，每月房屋本身的"公共开支"（指物业费、水电费、暖气费、热水费、燃气费等）为一万二千卢布左右，现在要二万五千卢布左右，这也是家里最大的一笔开支。

　　他说，苏联解体二十多年来，有些方面变好了，有些变坏了。二〇〇八年之前，社会福利和过去一样，是"正常的"。退休金在提高，医疗器械在更新。所以，那时候退休人员都是投普京的票的。但是，近几年有了变化，社会福利方面完全意义上的"免费午餐"已不复存在。为了证实这一点，女主人当即去楼下物业管理处取回一张上个月的家庭缴费收据递给笔者看，我将上面的价格表逐一抄录下来：

自来水费：（一立方）48.55 卢布（注：人民币与卢布比值为 1 : 5）；

热水费：（一立方）145.84 卢布；

电费：（一度电）白天：3.17 卢布，夜间：0.81 卢布；

天然气：（一立方）白天：4.03 卢布，夜间：1.01 卢布；

暖气费：（一平方）25.12 卢布；

从中不难看出，外界盛传的俄罗斯社会福利全部实行免费的说法与实际不符，至少自购房暖气费等各项开支是自掏腰包的，不包括在政府提供的"免费福利单"中。九月底，当记者一行抵达莫斯科时，正赶上阴雨连绵，气温骤降，与北京十一月底的气温相差无几，外出已是冬装裹身了。虽然外面冷一点，但室内非常暖和，包括街头的公共厕所都被暖气、热水熏得暖融融的，室内室外两重天。俄罗斯一年中大半时间是寒冷的冬季，生存环境严酷。用俄中友好协会主席季塔连科的话说，"俄罗斯人的生存环境有一半是人类不能生活的地方，有些地方冬季气温在摄氏零下六十度，房子要很厚的墙"。所以，每年从九月下旬至来年的五月底为全俄罗斯集中供暖时段，到了这个时段，政府会通过遍布全国城乡密如织网般庞大的供暖系统，向包括每家每户在内的所有室内供应暖气，二十四小时不间断。

面对足以堪称"世界建设奇迹"的庞大的供热系统，在令记者感到十分震撼的同时，亦或多或少产生一些质疑，在当局大力推进市场经济的过程中，市场经济就是市场配置资源，以剥夺医院自主经营权为前提的原先各种优惠政策还能继续下去吗？会不会像某些西方国家所患"社会福利病"一样，最终难以为继？带着这些疑问，我们大致做了一些了解。

其实，早在一九九四年当局就对单凭增加财政支出维系免费医疗制度感到力不从心，从立足当前国情出发，决定对苏联遗留下来的全民免费医疗政策进行些微的调整，但却是带有方向性的调整：推出了强制医疗保险制度，其核心就是所有俄境内常住居民均须参加强制医疗保险，即每一位俄罗斯公民必须在缴纳了强制医疗保险金的前提下，才能免费享受基本医疗服务。各方缴纳的保险费纳入医疗保险基金（这当中不包括老人、儿童、残疾人、失业者等弱势群体，他们的医疗保险金是由国家和地方预算拨款为其缴纳），从而构成政府为公民提供医疗服务的基本资金来源。免费项目包括门诊、急救、住院救治等，但诸如整容、医牙、戒毒、药品等不属于免费医疗服务范畴。俄罗斯公民可免费接受费用高达十五万至三十万美元的复杂手术，比如修复心脏瓣膜、肺移植甚至治疗雌雄同体等。但实施这些手术需要配额制，患者有时需要排队等候好几个月。如果不想等，可以自费做。

尽管如此，目前强制医疗保险资金缺口愈来愈大，据统计，二〇一二年年初全俄强制医保资金缺口达到一千亿卢布。中央和地方政府财政预算吃紧，已经被压得气喘吁吁。为了弥补缺口，缓解公立医院的沉重压力，除了不断增加财政投入之外，政府再施"手术"，一举取消了私人医疗机构进入强制保险体系的限制，以鼓励私立医院发挥作用。但效果看起来还不明显。医疗经费常常不能及时到位的情况尚没得到多少缓解。相当一部分公立医院、社区医院因缺少资金投入，基础设施仍旧在"吃老本"。服务差、看病难、收红包、医护人员紧缺等问题大量存在。这些因素影响了免费医疗的效果，导致很多俄罗斯人宁愿选择自掏腰包看病。

莫斯科当地一位华侨告诉记者："救护车是免费的，最起码的抢救是免费的。但要花钱的时候比中国高得多得多。"根据俄罗斯Romir研究中心的一项调查显示，二○一二年65%的俄罗斯人花钱看病。这也是为什么俄罗斯私立医院如雨后春笋般增长的原因所在，因为私立医院的技术和服务有保证。俄罗斯规模最大的独立民调机构——列瓦达舆情调查中心采访主任古德科夫在接受记者采访时指出，俄罗斯转型二十多年来，总体上说，俄罗斯人的情绪是逐渐往上的。但影响民众情绪的社会重大问题亦不少，诸如取消免费医疗、教育等就是其中之一，被该"中心"列为"使民众情绪下降的三大因素"之一。

记者了解到，对于社会福利的市场化改造，俄罗斯大部分居民是持抵触态度的。俄罗斯杜马成员、俄共机关报《真理报》总编辑克莫兹基在接受记者专访时就抱怨说，"如今的社会福利保障比苏联时期下降了好几倍。原80%的居民拿到了免费住宅，高等教育100%免费，医疗（除了牙齿）免费。现在这一切都改变了。"另外，加之近年来俄罗斯社会两极分化日趋严重，在这种情况下，社会福利制度的改革的确如履薄冰，困难重重。

但是，面对当前进退两难的境况，俄当局还是毅然决然下了"知难而上"的决心。二○一一年通过新的医疗保健法律，再次明确免费医疗为主要医疗服务方式，有偿医疗为补充方式。为保障公民享有免费医疗的权利，对其原来享受于的利益和待遇有一个兜底保障，二〇一二年俄罗斯政府用于免费医疗服务的预算达到一点四九八万亿卢布，今年提高至一点七二七万亿卢布。最近，当局又决定二〇一四年再增至到两万亿卢布。

然而，真正实现让全民满意的"免费医疗"制度很难，这也是各国政府面临的一道难题。在取得阶段性成果的基础上，如何进一步攻坚克难，想必俄罗斯还有很长的一段路要走。

## 七

今年国庆节，正巧在莫斯科。这是我平生第一次在海外过"国庆"，不，只不过是自己心里惦记着是咱"国庆"罢了，外人何知？所以不能叫"过"，准确说，国庆这一天我在国外，所以没过。十月一日一大早，莫斯科飘起了雪花，稀稀疏疏，漫天飞舞，顷刻间又停了，地面没留什么痕迹。加之前几天莫斯科一直阴雨，轻飘飘、零星的雪花一落地，立刻就被潮湿的大地"兼并"了。晚起床的人，怕还不知莫斯科落雪了呢。

其实，昨天就有先兆：冷风嗖嗖，老天一直阴沉个脸，气温始终在零度左右徘徊，一哈一口白气，我们一个个冻得够呛。好在采访活动一个接着一个，先是到全俄最大的独立、非官方民意调查与社会研究机构——列瓦达舆情调查中心采访。中午饭后赶往《俄罗斯人》报社参观。紧接着又去《真理报》与该报总编辑克莫兹基晤面座谈。该吃晚饭的时候，又直奔一户俄罗斯人的家庭采访，直至晚上十点多才离开。回到宾馆已接近第二天凌晨了，从早到晚，整整一天，马不停蹄，手不释笔，忘记了疲劳，亦忘记了寒冷，仿佛又"回炉"到了二十世纪七八十年代的记者生涯中去！

　　本来，忙活了一整天，应睡个懒觉，但多年养成的"生物钟"不答应，一到五点就醒了，怎么也睡不着，外面还一片漆黑，早饭约好了要到八点半才去吃。只好将枕头挪到床头上，打开电视，半枕半靠在床头上看电视。我将电视一个频道一个频道翻了个遍，这也是我多年记者生涯养成的"习惯"，每到一地儿，总要将当地的电视频道节目"折腾"一番，从中找出感兴趣的东西。我们下榻的阿斯科利亚酒店号称"四星级"，其实连咱国内的三星级酒店都不如，就像国内三类城市的招待所一样。这家宾馆电视共开通二十七个节目频道，除了一个英语节目频道外，其他全是俄语节目频道，节目亦很单调。

　　更令人大惑不解的是，洋洋一个世界大国的四星级涉外酒店，居然收不到中国中央电视台国际频道，连马尔代夫这样一个印度洋小岛国都不如。我曾去过马尔代夫，那里所有对外接待游客的岛屿酒店均能收到中国中央电视台国际频道的节目。几乎将二十四个频道翻转了几遍，实在没有什么可看的，干脆起来去宾馆周围转转。汲取昨天穿得太少受冻的教训，这会儿恨不能把所带衣服全穿在身上。临出国前，自觉得对俄罗斯的冷已做了充分准备，带了毛衣、秋裤、粗呢子外套，还带了双在广东冬季才穿的厚皮皮鞋。怎么也没想到莫斯科没有秋季，九月底屋子里就有暖气了！我上身先穿了件夏天穿的短袖T恤，然后套上一件长袖T恤，长袖T恤外再穿上一件长袖衬衣，长袖衬衣外又套上一件羊绒衫，最后，外面再加上厚呢子外套。下身将带来的两件棉毛裤全穿上，外面再穿一条厚布裤子。脚蹬厚皮皮鞋，全副武装出门了。

我们在此宾馆住了四个晚上，渐渐发觉偌大的宾馆（估计至少有三四百张床位以上）大部分住的是中国游客，挣的是中国人的钱。但查遍宾馆上下所有的印刷品、指路牌、标志牌、告示等等，除了俄文，无一字中文！总服务台、客房服务台、电话总机、餐厅、商店、酒吧等等，居然无一人会说中文的，哪怕仅仅几句中文也行，全没有！更有甚者，连那些闻名于世的克里姆林宫、莫斯科红场、冬宫、夏宫等旅游景区内，也全是俄文。仿佛景区仅针对本国游客开放，根本无视外国游客的存在。一位游览莫斯科冬宫的中国游客对笔者讲了一件有趣的见闻：有一天，她所在旅行团突然发现有一处标有英文的地方，居然令一同伴大呼出声："快来看，这里有英文哎！"作为国际化大都市来衡量，不论莫斯科还是圣彼得堡，都尚有一段距离。

早上快八点钟，天已经亮了，但还没透亮。下着毛毛细雨，寒气逼人。宾馆正门斜对面是一片一眼望不到头的原始森林。这几天乘车在莫斯科穿来穿去，到处能逢到这样一眼望不到边的原始森林，与中国大都市形成鲜明对照，留给人极深的印象。宾馆与这片原始森林之间隔着一条马路，已经堵满了车。此时并非行车高峰时刻，莫斯科早上上班时间为九点，离上班时间还早呢。这里也并非市中心，属于市郊地段，居然这么早就堵车，说明莫斯科堵车很厉害，并不分高峰期不高峰期。本报驻莫斯科记者晓东说："都说北京堵车最厉害，来莫斯科体验体验，北京就得甘拜下风了！"

我仔细回想了一下这几天在路上行走的情景，第一，莫斯科几乎没有立交桥，更没有像咱北京那样纵横交错、叠床架屋般的立交桥。第二，莫斯科没有高速公路。晓东纠正说，全俄至今也没有一条高速公路。难怪莫斯科这么空旷的地方，这么一丁点的人口，竟然会堵车，而且堵车堵得比北京还厉害。我弄不明白，为什么俄罗斯不建立交桥？不建高速公路呢？有人解释：要阳光，不要交通方便。

据说当局为此事还搞了几次民意调查，结果，大部分民众表示反对！这倒真叫人有点摸不着头脑。与咱国内比较，孰强孰弱？在这个日益复杂纷繁的世界上，似乎没有可比度。或许时间再放长一点，站在历史的长河中，也许能见分晓。衣服穿得多，已经不感到冷了。尤其看到眼前的一切，想想几天来的体验、辨析、判断、感受，也早忘却冷了。

第四辑　故园亲情

# 写给母亲的墓志铭

　　母亲一生所遭受的磨难与凄苦，一世所付出的辛劳与顽强，远远超出她理应得到的最起码的回报。

# 我是新疆人

经常为有人问我"是哪里人"感到尴尬。我老家江苏，出生在江苏徐州，但不及懂事，就随父母迁居新疆，一待就是几十年：上幼儿园、入小学、读中学、当知青……偎着天山长大，枕着戈壁成人，不知不觉就长出一副宽大老成、粗犷雄起的模样：人高马大，壮硕如牛，高鼻梁，大脸庞，浓眉毛，加上一口新疆普通话，以及动作、习惯等，一看就是个新疆人的样子。

记得第一天到北京《中国青年报》社上班报到，记者部主任孙毅一见到我，劈头第一句话就问："你是新疆人吗？"我懂他的意思，他是把我当成新疆维吾尔族了。我嗫嚅了半天，颇为费劲地解释说："我是新疆人。但不是维吾尔族。我是在新疆长大的汉族人。"后来但凡中青报的同事见我头一面，几乎都会问同样的问题："你是新疆人吗？"几乎都快把我问崩溃了。

其实，真正的新疆人（不论新疆的汉族人，还是其他民族的人）一眼就能识别出我不是维吾尔族。维吾尔族人的主要特征为：大眼睛、双眼皮，深眼窝。而我却长着一副眯缝小眼，而且是单眼皮。用太太挤兑我的话形容："灯光暗的时候，你都分不清他眼睛到底是睁着还是闭着。"

二十世纪八十年代初，京城许多人概念中的"新疆人"，指的就是维吾尔族人。迄今内地许多没到过新疆的人仍然这么认为。其实，"新疆人"是一个复合概念。"在新疆共生活有四十七个民族，是个多民族聚居的地方。不过维吾尔族人数排第一，汉族人数排第二，还有哈萨克族、回族、柯尔克孜族等众多民族。但在新疆不管哪个民族的人，都是共饮天山、昆仑山、阿尔泰山的雪水长大，都是同沐戈壁大漠的雄奇造化，故个个真诚、豪气、大方，他要是对你好，恨不能把心掏出来给你煲汤喝。这就是新疆人，这才叫新疆人"！

　　与其他省区人相比，新疆人较少地域观念，走南闯北，四海为家，随遇而安。尤其是在新疆长大的汉族人，到哪儿都能生根开花，到哪儿都是故土家乡！不分什么河南人、上海人、湖南人、浙江人，不搞地域歧视。因为他们的祖籍都来自五湖四海，他们的祖辈就是甘肃人、陕西人、天津人、湖北人……新疆将他们聚拢在一起，融汇同化为新疆人。

　　著名作家周涛说，新疆的汉族人有一个特别重要的特征，就是始终处在一种自觉不自觉的比较当中：你这个民族和人家在这个民族的磨合过程中，你不断在找他们有什么优点，我们有什么缺点，这个比较太多了，时时刻刻都在找。你在纯汉族地区不用这么比较，比较的只是我个人和他个人。这两个文化的比较是长期的，也是能够引起很多困惑的。就说少数民族虽然有落后、封闭的一面，但是从个人素质上说不比你差，甚至在有些方面比汉人强。

　　我不讳言，我的思维、习惯等早已不知不觉具有很多维吾尔族人的特征，打心眼儿里认定自己也算半个"胡儿"。在新疆生活过的汉族人身上有一种东西是内地人没有的，他们每个人都形成了一种潜意识里明确的民族政策的观念，他们与其他民族打交道要比内地汉族人得当得多，绝不会在一些涉及民族感情的要害问题上触犯人家，在对待宗教、民族风俗习惯等生活细节上，拿捏得非常到位。新疆汉族人对各个不同民族之间的交往有一种把握力，每个人心里都知道。

新疆人好客。维吾尔族人有一句谚语："给别人吃传名，给自己吃填坑（比喻肚子像一个坑）"，十分形象地点出了这个民族的好客本性。新疆许多著名的歌曲都是欢迎远方客人的内容：送你哈密瓜，献你沙枣花，弹起冬不拉，请你喝奶茶，恨不得倾其所有；对待朋友，一片赤诚；招待客人，无比大方。

新疆人的个性，清冽冽的，像泉水，透得见人影。率真、坦荡，不玩虚的，有啥是啥，个个都是儿子娃娃，说了算，扛得起，重情义，守规矩，外表强悍，内心敦厚。

新疆人能吃苦，不挑肥拣瘦，不分贵贱，肯出力气，不惜汗水，烤羊肉串、打馕、扛长工……啥苦干啥，啥累干啥，靠勤劳致富，挣的全是血汗钱。

今后，谁再问我是不是新疆人，绝不再"弯弯绕"了，简单明了地大声回答："我——是——新——疆——人！"

# "年味" 就是妈妈的心意加辛劳

又到旧历新年了。一提起过年，不知怎的，突然心里觉得空落落的。

自二十世纪九十年代初至前年母亲离世，每逢旧历新年，我们一家四口都要花大把的钞票，飞越几千公里，赶回乌鲁木齐去过年，年年如此。因为母亲和兄弟姐妹几个都在那里生活。年三十夜的团圆饭，以母亲为中心，全家男女老少一个不落围坐在一起，吃啊，喝啊，笑啊，闹啊，轮番着给母亲敬酒祝寿，轮番着相互祝酒拜年，直至夜深。大年初一早上，待吃完母亲亲手包的饺子，以各自小家为一拨儿，又各奔东西了。虽七天假期里，全家人仍不时相聚，但像三十夜一个不落地都到齐了，实在不容易。所以，我们姓曾的一家几十口能全部聚在一起，一年中唯有年三十吃团圆饭之际。

二〇〇八年春节团圆饭，是我们一家人与母亲及兄弟姐妹一起吃的最后一顿年夜饭。此时，年逾八十岁的母亲已患老年痴呆有些时日了，健忘很厉害，基本认不出谁是谁来。但身体其他部位尚好，脸色红润，胃口颇佳。

一见到母亲，我迫不及待地问："你认得我是谁吗？"

母亲端详了我好一会儿，猛地大声说："你是我儿子!"听到这声呼唤，一股说不出的酸痛涌上心头，泪水夺眶而出。在旁的兄弟姐妹愕然极了，之前，母亲连经常在其身边的亲人都认不清，怎么竟认得出我来？我在想，可能因为我长期不在母亲身边，一年当中只见母亲一次面。想必母亲思儿心切，故才会出现这般奇迹。

如今回想起来，我这个当儿子的真是不懂事啊！记得小时候过年，就数妈妈一个人忙活。离过年还有半个多月，妈妈就开始为过年做准备了。那年月生活基准低，物质匮乏，年货除了糖果、葵花籽等，要去商店购买之外，其余都是妈妈自己亲手做。像蒸各式各样里面放有红枣、杏干、葡萄干的小馒头及小花卷，做各色各样的油炸点心，包各种馅的饺子、包子，煮五香葵花籽等。除了置备年货，妈妈还要为我们五个兄弟姐妹缝制新衣服，拆洗被褥，打扫屋子。妈妈是一名人民教师，白天上班，准备过年的事，都得利用下班后和周日来做，辛劳极了。那些日子，妈妈每晚不忙到下半夜是绝对不会睡的。记得有一次，半夜里被尿憋醒，起来小解，还见妈妈正用毛笔蘸着红色，往刚出笼屉的馒头花卷上点红点。据说，这是从姥姥那一辈上传下来的"讲究"，往馒头上缀红点表示喜庆、吉祥。

自打记事起，每逢大年初一——睁开双眼，我们几个兄弟姊妹的枕边，都会整整齐齐摆放着一叠过年穿的新衣服。每叠新衣服上面，还放着妈妈特意从银行换来的一毛一毛的新纸币。这是妈妈给我们的压岁钱：每人两毛钱。此时此刻，大伙儿别提有多高兴了！小时候，心目中的"过年"，就是穿新衣，吃年饭，挣压岁钱。如今想来，所谓的"年味"，不就是血浓于水的亲情，不就是妈妈的心意，不就是妈妈的辛劳吗！

二〇〇九年七月六日晨，母亲终于撑不过岁月的煎熬，撒手人寰。失去这根家庭支柱，曾家年三十的团圆饭也就从此打住。

岁月轮回。这两年，妻子又变成了我们一家年夜饭的主心骨。这不，离过年还有一段时日，已经在念叨着女儿何时归来，思量着一家人如何过年，盘算着年夜饭怎么吃。

# 侄儿新婚三祝

今天是征征与蕾蕾喜结良缘的大喜日子。作为征征的大伯，我谨代表两家亲友团，向大家表示热烈的欢迎和衷心的感谢！

走进婚姻殿堂，标志着新的人生的开始。从婚姻本质上讲，它不仅仅代表了男女双方彼此间的相互托付与终生厮守；更重要的是，它诏示了男女双方对家庭责任感及义务的明确定位，其结果将影响他俩一生的成败。故在这喜结良缘的重要时刻，特向他俩表达三个祝愿：

第一个祝愿，祝愿他们相亲相爱，白头到老，始终如一。在当今社会，我希望此祝愿能如响鼓重锤，永远在他们耳边震响。

第二个祝愿，祝愿他们牢牢铭记父母含辛茹苦的养育之恩，永远孝敬父母，回报父母。我想特别强调的是，征征与蕾蕾能拥有今天的一切，能分别从祖国的西北和东北边疆来到首都北京学习与生活，并有幸步入中国音乐的最高学府及中国最高的艺术研究机构工作，成为其中骄傲的一员，这与双方父母杜鹃啼血般的巨大付出与呵护密不可分，与父母甘为人梯、无私奉献密不可分！我作为见证人，记得当年征征父母为了儿子学习钢琴，省吃俭用买回一架二手钢琴，但因家里太狭小，钢琴抬不进家门。不得已请工人先将一扇窗户破开，将钢琴抬进屋后，再将窗户重新砌起。再如蕾蕾的父母，为了女儿学有所成，母亲正值年轻貌美之时，毅然决然放弃工作，甘当家庭主妇，来京陪护女儿上学。

第三个祝愿，祝愿他们永怀感恩之心，尊重领导，善待同事。这里，我亦想特别强调的是，中央音乐学院不仅是征征眼下供职的单位，还是征征与蕾蕾成长的摇篮。在座的许多音乐学院的领导和同事更是看着他俩长大的悉心呵护人，这一点尤为难得。因为，同事之情中还蕴含着师生之情、母子之情、父女之情。所以，要倍加珍惜。要用踏实做人、勤奋做事来回报中央音乐学院，要用突出的业绩为中央音乐学院增光添彩！

谢谢诸位！

# 怀念岳父母

又到了清明。

几天前，妻子一早醒来告诉我，她梦见了爸。说爸跟她要什么东西来着，却想不起来了。还说这几天连续几夜都梦到爸。我心里清楚，她又想她的爸和妈了。她是个心很重又不愿意感情外泄的人，包括对我和孩子。

我说："你给善斌（妻弟）打个电话，让他去买点'纸钱'，清明那天咱们去给爸妈烧烧纸。"她嘴上没应，但是马上就给善斌打了电话，说了要他买"纸钱"的事。自她父母过世后，每当清明临近，妻子都会这么说，从来没变过花样。她的实诚与爱，和我的岳父母一模一样。我的岳父姓张，名文教，岳母叫陈静宜，听名字就知道是知书达理之人。其实，他俩倒真没念过几天书。岳父做了一辈子最底层的"财务人员"，无阶无权。岳母当了一辈子的"家庭妇女"，缝衣煮饭。但若论明白事理、教子惠人，绝不压于饱读经书之人；若比勇于承担、无私奉献，绝对超过貌似神圣的官员。

那年，我和妻子正式"处对象"时，我父母尚背负着"历史反革命"枷锁，在农村接受"劳动改造"。我亦刚刚由"黑五类子女"升上一个新台阶，变成了"可教育好子女"，但仍属于社会极度排斥的人。妻子将她与我的"关系"报告岳父母后，他们无论如何不同意，担心女儿跟了"出身不好的人"，会一辈子遭罪。设身处地地规劝女儿：这年头，躲这类家庭都躲不及呢，你还往前凑，傻啊?!

但见女儿吃了秤砣铁了心，岳父母爱女心切，爱屋及乌，女儿爱，他们爱。从此，我成了妻子娘家的"香饽饽"。我们的两个女儿更成了岳父母的掌上明珠，从还在娘肚子里到出生，都是岳母帮忙找的医院和接生的妇产科主任，整个月子大包大揽，没让我操一点心。所以，两个女儿打小就跟姥姥、姥爷亲。二〇〇一年九月十一日姥姥去世前，两个女儿专程从北京请假赶往乌鲁木齐，为大小便失禁的姥姥擦屎端尿，十几个昼夜守候在姥姥病榻前。我在一旁感动得眼睛一阵阵发潮，心想，姥姥真没有白疼她们一场。

女婿虽与岳父母没有血缘关系，但在我岳父母眼里，只要你娶了他们的女儿，你就整个融进了他们血肉之躯，变成"命运共同体"，永远无法分割。爱共所爱，盼共所盼，比"荣辱与共"的含义来得更深刻、更本色。岳父母念兹在兹的是子女，尤其到了晚年，子女成了他们活在世上的第一寄托也是唯一寄托。

一九九三年初，已经回京任职半年的我，折返乌鲁木齐去搬家。那些日子里，我们一家四口欢欣鼓舞，一边打包行李，一边天天迎来送往与亲朋好友告别，忙得不亦乐乎。尤其是妻子，为孩子的将来计，为全家人有一个更好的生活环境，她一直比我想得远，瞄得清，早就企盼着有一天我能结束这段"外任"生涯，带着孩子和她一同回到首都北京，全家人都能成为真正的"北京人"。眼下，终于盼到了举家迁往北京的这一刻，心情格外的好，打包、收拾行李、处理家私等等，几乎由她一人包揽。尽管如此，她比谁都乐和，从里到外喜滋滋、乐悠悠，心甘情愿得不得了。

不料，就在我们托运完行李、准备离开的前一两天，女儿她小姨突然来电话哭诉：爸去世了！如五雷轰顶，我们一下子都晕了。怎么会呢？虽说岳父是个老病号，自年轻始就落下个肺气肿病。随着年龄慢慢增长，病情逐渐加重。特别到了冬天，不住院，不输氧，几乎就熬不过去。可眼下马上就进入夏天了，这些天的身体状况一直没什么异常变化，怎么说不行就……我心里一阵剧烈地搅动：是乐极生悲？还是岳父不愿意我们离开，以死抗争？看得出来，妻子内心更填满追悔莫及的深深的自责。在这种时候，我们怎么就没有替老人设身处地想一想，只为自己乐，只为自己着想。儿行千里母担忧，何况是大女儿（我妻子在五兄妹中排行老大）一家四口迁往五千公里之外的北京城，这一去，见面的机会就少了，尤其想见到两位外孙女就更不容易了。此时此刻，岳父母怎能不心痛，怎能不心急上火？！如今到了我们这把年纪再追忆那段情景，真是好悔恨！好悔恨！

父母眷恋儿女的万般激情，永远埋藏在内心的最深处，任自我煎熬，任火山喷涌，是绝不会向外宣示的，更不会向儿女们做丝毫的表露。所以说，唯有父母的爱，是天下最伟大、最无私的爱。二〇〇一年秋天，当我义无反顾辞去记者部主任的"官位"，主动要求来澳门"驻站"获得批准后，在第一时间和妻子一道赶回乌鲁木齐，一来看望亲友，二来向他们告别。因为，这一去离他们更远更远了，一个天南，一个地北，欲见面就更加难上加难了。

谁知，这一趟又让我们经历了一场与岳母的生离死别。那是八月末的一天夜晚，我和妻子一踏出机舱门，一股热浪就扑向全身。眼下，乌鲁木齐正是最热的季节。和我每次回来一样，一大群"欢迎队伍"早已守候在外。不过，这次更加势众，我娘家亲戚，她娘家亲戚，包括我步履蹒跚的老娘，几乎倾巢出动，足足来了一二十口子。

自搬家去了北京之后，我因工作关系倒常常回来，差不多平均每年能回来一趟。但夫妻双双把家回，机会难得。所以，礼遇也大不相同。不过，"欢迎队伍"中独缺岳母，她不可能来，晕车很厉害。否则，如此隆重的欢迎女儿女婿归来的场面，哪能少了她出席！

到了下榻的"八楼"（即昆仑宾馆，因"文革"前为乌鲁木齐最高建筑，楼高八层，故而得名。也即刀郎歌中的"八楼"），大伙儿商定，明天晚上为我夫妻接风。当乌鲁木齐警备区副政委的妹夫用命令式的口气说，两亲家所有的人明晚必须全部到齐！这是老规矩了，往日在乌鲁木齐工作时，每逢大的节日，我们夫妻两亲家包括各自的兄弟姐妹大人小孩，必须到餐馆聚一次，彼此都很亲很近。

谁也没有想到，两亲家男女老幼都企盼的这次大聚餐，迅速化作泡影。第二天一早，当我俩拎着大包小包，兴冲冲赶往妹妹家看望已半年多没见的岳母时，一下子惊呆了：岳母脸色蜡黄，出奇地消瘦，早已腰弯背驼的身躯更加佝偻成一团。

"妈，您怎么啦?"我和妻子惊悸地问。

"吃不下饭，吃了就吐。"母亲有气无力地回答。

我们生气地转向大妹："领妈去医院看了吗?"

"看了。医生也没说什么，给开了点药吃。现在比过去好点了。"

"没给做胃镜什么的?"我问妻妹。

"医生没说做。"

"这哪行，马上去医院!"我心里突生怒气，不由分说立马带岳母去了医院。

通过关系，自治区人民医院为岳母做了周详的检查，检查结果要等三天之后才能出来。但岳母刚一出胃镜室，医生就拽我到一旁耳语道：恐怕是胃癌，而且很可能已到了晚期。犹如晴天霹雳! 我虽有预感，但还是接受不了，急忙偷偷告诉妻子，泪水立刻顺着她的脸颊凄凄地流个不停。

"不要难过，小心让妈看到!"我隐忍着慰劝妻子："医生只是怀疑，等检验结果出来才算数呢，妈不会得癌的。"然而，现实就是这么残酷无情，该来的，你纵有天大本事、万般情怀，无论如何也阻止不了!

三天后妻妹取回检查结果：晚期胃癌，已扩散全身。全家人都哭了! 不长眼的老天啊，你凭啥要折磨这么一位为了一家人幸福、几十年来毫不惜力地苦自己的妇道人家啊!

岳母病逝后，妻子表面上和从前一样，看不出什么异常。但我能感觉得到，她始终放不下对逝去父母的深深眷恋与歉疚之心，以致经常像走神了似的。有时我俩沿海边散步，她会突然冒出一句："要是妈能活到今天该有多好，她最喜欢这有山有水的地方，澳门最适合她。"有时正吃着饭，她会上不着天下不着地地说："妈要是不总吃剩饭，绝对得不了胃癌。"

一次，我下班回到家，推开门，见她正伏案写东西。猛一见我进来，急忙将笔纸收起。我好奇地问："你在写什么呢？"她不回答。我也就知趣地不再追问了。终于到了今年清明前，她拿出一沓稿纸让我瞧："这是过去我写妈的文章，现在再看，我觉得挺感人的。你看看。"

原来如此。她是背着我偷偷地写她母亲啊，我随即打开来看，一边看一边心往下坠、下坠，一直坠落到岁月的深处。妻子没写完的文章如下：

### 祭　母

母亲离开我们已五年了，随着岁月的流逝，越加怀念为我们辛苦了一辈子的母亲。

母亲因出身不好，一辈子没有参加工作；又因她亲眼看见了东北解放前后"刮大风"时的惨厉情景，吓得她一生不敢置业，自己辛苦挣来的钱，从来不敢尽情享用。

一九二六年母亲出生在辽宁宽甸的一个靠勤奋起家的大户人家，姥爷终生没有离开过土地一步，每天清晨，天麻麻亮，就背上粪筐去拾粪，一年到头闲不住。就这样，靠自己的辛劳创立了几亩家业。他为人慈善，常听母亲讲，村里谁家要借驴推磨，姥爷都是亲自赶驴送上门。约莫快使完了，自己又去牵回来。母亲年轻时长得很美，高挑身材，一头浓发乌黑滑亮。不知母亲有没有留过辫子，自打我记事起，看到母亲总是留着齐脖短发。一张白皙的脸上，刻满着自信与执着。

母亲虽没有工作，但她挣得钱比父亲还多。记得我小时候，母亲每天早晨去附近的汽车运输队，收揽单身司机的被褥抱回家来洗，几乎每天都能收回十几床被褥。那个年代没有洗衣机，都是母亲用搓衣板一把一把搓洗出来的，到了晚上缝好，再送回汽车队，许多时候都是我和母亲一起去送。后来，母亲学会裁剪衣服，就买了台飞人牌缝纫机，开始揽活做衣服，每天收入亦不错。

那个年代，一切食品都要凭票供应，有钱也买不到东西。母亲为了改善家里的生活，养了一群鸡、兔子，每年还喂一口猪，过着"都市里的乡村生活"。我们兄妹几个，一放学扔下书包，就去郊外拔草、捡菜叶回来喂兔子和猪。最辛苦的还是母亲，一天到晚，从没见过她闲过一刻。常常一觉醒来，总看到母亲在缝纫机上或灯下忙着。我忘不了母亲那双用顶针磨粗的手指，忘不掉在洗衣盆里让碱水泡白的双手！她总是说："我就是扒拉命。算命先生说了，我要是闲了，就该闭上眼睛了。"

母亲每天虽然很辛苦，但她从不忘记帮助别人。当年，我家邻居中有两户孤寡老人，没儿没女。母亲让我每天放学回来都要先去给这两户人家各挑一担水。隔一段时间，母亲就会叫我去把两家老人的被褥抱回来拆洗……

# 改名"毛子"致网友的一封信

从二〇一六年初开始，我将原来用的微信名"澳门老记"，改为"毛子"。于是，不少网友断了与我的联系，因为他们不知道"毛子"是谁。如今，网上假冒的朋友太多，怕又是陷阱。所以，不是把我删除了，就是将我屏蔽了。一般的网友，也就算了，不必要做过多的解释，好像我非得加你似的。但知己的朋友，我得一一上门去做说明，做解释，下面这段话，就是专门为改微信名发给天南地北朋友的一封信：

如今人老了，常常忆旧。特别是思念我那仙去多年的妈妈。儿时的我，是个小淘气包，每天放学归来不进家门，背着书包满院子地疯。妈妈系上班族，下班后一进家门，就忙着准备全家人的晚饭。香喷喷的饭菜都摆放在桌子上了，仍不见我的影子。于是，系着围裙的妈妈，满家属院地寻找。一边寻，一边高声呼唤："毛——子！毛——子！"至今音犹在耳。

毛子是我的乳名。改微信名为"毛子"，就是想天天听到妈妈的呼唤声。

第五辑　序与跋

# 《濠江风云》自序

　　"一国两制"作为世界范围内一种制度性创新思维，自邓小平提出后，迄今已在港澳地区探索、实践了十多年。幸运的是，这一时段的大部分时间，我凑巧被派驻澳门工作。作为一名见证人，亲身感受了"一国两制"勃起的"心跳"与"脉搏"，亲眼看到了澳门实施"一国两制"的不凡历程。尤其庆幸的是，得益于职业上的便利，使我有机会直接与特区政府及中央驻澳机构高层进行面对面坦诚交流与沟通，有机会采访或接触到特区政府一系列重大决策与部署的第一手资料，有机会了解和掌握到中央政府对澳门特区的一贯关怀与祝祈，亦有条件与社会各界进行广泛的接触与对话……

　　也许，正是在这种"天时、地利、人和"环境的熏陶、推动下，逐渐萌生了一些想法与思考。这些想法和思考如鬼使神差般缠绕着笔头，促使我写了一篇觉得不够，又写一篇。数年下来，回头一看，很像一本记录特区发展的"流水账"，既没有一个原始主题，篇与篇之间亦相互不搭界。但自己倒很欣慰，总算没有虚度年华。

　　真正促使我从"一国两制"的高度，对特区政府成立以来的施政进行全方位扫描，进而梳理、归纳出一些带有普遍性及特殊性规律的总结，缘于二〇〇四年澳门特区成立五周年那天。当时，国家主席胡锦涛亲临澳门祝贺。他在会见何厚铧时叮嘱过一句话，希望他和特区政府能"认真总结五年来的施政经验"。结果，这看似平常的一句话，却令我嚼味再三，唤出了灵感。霎时间，"一国两制"、施政经验、总结报告在脑海中一下子交织在一块儿，互相碰撞。紧接着，一个鲜明的主题倏地进出脑海，又把它们像串糖葫芦一样一下子穿将起来。于是，就有了写此书的冲动。

正如我在书中"引言"里所说，全书从审视、把脉以何厚铧为首的特区政府施政十周年来的主要政绩入手，详细探究与寻找每一项重大施政背后的因果关系，进而总结和归纳澳门特区在推行"一国两制"实践中的基本经验。这样做的目的，对于像我这样一个已退休隐居的"裸记"来说，既不是责任，也没有义务，完全是狗拿耗子多管闲事。自己给自己施"压力"，自己给自己摊"任务"。但我乐意！谁叫我与澳门难割难舍，谁叫我撼山易、撼记者的本能难。我认命。

经过春温秋肃差不多一年的工夫，整日整月埋首于小山般的材料堆里，默默地拾拣，痴痴地写作，三易其稿，多次修改，最后总算给自己交上了这份"答卷"。

# 《莲岛闲笔》后记

　　这本书所汇集的，均系我派驻澳门工作期间的饭余茶后之作。

　　自二〇〇一年十一月十一日踏上莲岛（澳门别称），至二〇〇九年三月一日结束任期返京，总共在澳门工作生活了七年多时间。

　　回首我的公职生涯，若按地域划分，大体分三个阶段。第一段在新疆，前后二十多年；第二段在北京，不到十年；最后一段为澳门。三个时间段中，虽在澳门工作时间最短，但留下的墨迹却最多，加上这本小册子，厚薄不等一共出版了四本，超过前三十多年之总和。

　　常年从事写作的人大都有这样的体会，创作就像林果树的生长，有"大年"和"小年"之分，而且差异很明显。"大年"枝繁叶茂，果实累累。"小年"枝疏叶懒，果实稀少。创作亦然，某个时段思绪起舞，笔走龙蛇，好像进入创作的亢奋期，一发而收不住；某个阶段又文思枯窘，如同进入休眠状态。每每搜肠刮肚、苦思冥想，却生生抠不出几个字来。我想，这大概就是那个所谓的"场"在暗中"运气"的缘故吧。

　　庆幸的是，置身澳门这个特殊的"场"中，海风吹拂，眼观六路，耳听八方，远离了假话套话弥漫、潜规则盛行的官场氛围，隔绝了争权夺利、尔虞我诈的人际关系，摆脱了无止无休、劳而无功的行政事务，心身完全放松、放低，不再居高临下地俯视历史与现实。人生复归淡泊与自然，仿佛大脑一下子被一条自由、真心而随意的粗大血管接通，思绪立马伸展开来，笔端倏地灵动起来。望风即捕，见影便捉，山南海北，白云苍狗，镜花水月，快意情仇，不怕琐屑，涉笔成趣。就这样，不知不觉随写随发表，七年累积下来，竟也变成一大摞厚厚的剪报，连我自己亦没有想到。

二〇〇九年初，当即将结束澳门公职生涯之时，有朋友建议我结集出版，也算是对工作生活了多年的小城的一种眷恋与回报。我欣然接受。于是，在几位亲友的协助参与下，共同筛选并整理出这本集子来，取名《莲岛闲笔》。"闲笔"意指不是公文写作，亦不是遵命文学。用我的话说，这本集子不是"写"出来的，而是流露出来的；是正版正刊"无用"的，它仅仅是为了呈现作者的一片闲心而已。

我以为，散文的价值与魅力，在于自由不拘。闲笔式的散文只适合阅读、回味和享受，拒绝阐释。如若这本集子能够向读者呈现一种个体状态，以及个体那微不足道的情趣，我就心满意足了。

最后还要强调说一句，衷心感谢为促成此书的出版付出了情感与辛劳的各路朋友，特别是澳门特区政府社会文化司原司长办公室主任谭俊荣先生、澳门语言学会会长、澳门大学前中文学院院长程祥徽教授、社会文化司司长办公室高级顾问钟怡小姐、温州大学讲师杨兴林先生等，谨致以深深的谢意！

# 为老朋友朱建新新作《口碑》作序

"一个人事业上的成功，30%靠专业技术，70%靠处世技巧和人际关系。"这是那位著名的美国人卡耐基先生说的。凭我几十年的人生阅历细细体味，此话真可谓总结到家了。中国人也这么认为，但说话含蓄，不像卡耐基这么直白。通行的说法叫：一个人事业上的成功，一靠本事，二靠机遇。"本事""机遇"，听起来堂而皇之，可实行起来却因人而异，且其内涵与外延早已超出词的原意。有的人不学无术，但会装腔作势，想拿到的都可以拿到，事业上一帆风顺；有的人缺操守少磊落，专会逢迎上司，想化解的都可以化解，仕途、钱途路路通；有的人被公认为平庸之辈，但因背景显赫，一年处级，三年局级，拿得甚是容易……

环顾宇内，这样的例子举不胜举。所谓的"本事"，已经被涂抹得五麻六道，所谓的"机遇"，更像一根任意伸缩的魔术棒，已经学无定规了。置身于这样一种鱼龙混杂的社会氛围中，朱建新的成功，就愈显得难能可贵，就愈有一种令人感奋不已的东西值得玩味。熟悉建新的朋友都非常清楚，他能拥有今日的"处级"官位，有今日的衣食无忧，全是赤条条一个人拼死拼活硬拼出来的。既无地域、血缘的扶衬，又无金钱、门路的打点。既无时髦的学历、党

185

派包装，又无丝毫的优势、捷径可取，彻头彻尾，彻里彻外靠的是一个字一个字抠出一片天地来，一篇作品一篇作品垒出今日的阶梯来。

二十世纪七十年代中叶，当时身为新疆生产建设兵团一农场教师的朱建新，就创造了一个奇迹，完全凭借业余时间自由撰稿，不认识任何人，没有通过任何关系，竟赢得《新疆青年》杂志社的注目、青睐，进而被选调到该社当了一名编辑。接着，老婆孩子也随其入了城，完成了他人生第一步"跨越"。

又过了十年，到了二十世纪八十年代中期。一个无党无派的他，居然破例地被提拔到共青团机关刊物《新疆青年》杂志社编辑部主任的岗位上，再次成为当时的"个案"。

以后他又被选调到中共新疆纪律检查委员会机关刊物《新疆党风》杂志社任副主编、主编，直至今日。按他自己的话说，连做梦也没想过会有今天。更令他庆幸的是，一路走来，清风拂面，竟未遇到一个贪官污吏，也没受到任何龃龉的羁绊，顺顺当当，平平安安。他的成功，就在于源源不断的作品，就在于他始终不渝地把全部心思放在作品的创作上，靠作品立世，靠作品写生。十多年前，他就有两部著作问世，一部是和他人合著的《少女生活与情感》，另一部是杂文集《世象走笔》。而后，他又主编出版了《新疆杂文集》，前年，又有一部杂文集《守静》面世。

我以为，写杂文是他的长项，他的杂文犀利思辨，紧贴生活。20世纪末，他写的不少杂文，就在全国叫响，有作品入选《中国杂文鉴赏词典》。不承想，近十年未见，他又在新闻通讯领域拓开一片新天地。曾出版过通讯集《军旅走笔》。

今天，他的第五本书《口碑》即将出版，嘱我作序，脑子里立刻涌现出这个题目。这是我对他这个人的最深感受。在我看来，建新确实有些不合时宜，时代潮涨什么，他偏躲避什么。比如学历，不少小学都没毕业的人，都弄了份硕士文凭招摇过市，年年加官晋爵，一路青云。还有愈来愈多的各级"首长"们，"档案学历"年年看涨。可他偏不随流，迄今，履历中仍填写的是三十多年前的学历：中专生。

建新活得真，本事亦真。

# 《澳门博彩业探秘》代序

澳门博彩业历史悠久，自十九世纪获准合法经营以来，至今已跨越了三个世纪。它系澳门最古老的行业之一，也是澳门最有活力的行业之一。可以说，近代澳门经济的发展史，就是一部博彩业兴盛史。不论是将博彩业作为一个独特的经济产业来观之，还是作为一种奇异的社会现象来察之，它都与澳门的脚步丝丝相扣，都与澳门的历史密不可分。故此，欲解剖澳门，就必须解剖维系澳门经济的"支柱产业"——博彩业；欲知晓澳门历史，就必须知晓博彩业在澳门的发展史。

过去，由于众所周知的原因，绝少有大陆媒体愿意走近博彩业，更无从探究博彩业之奥秘。于是，就出现了这样一种悖论：一方面，人类社会千方百计利用它、依赖它，另一方面，又想方设法排斥它、糟践它。使博彩业真正变成了"鸟笼经济"，被蒙上一层厚厚的黑幕。它具有什么特点？有什么内在的运行规律？政府与社会如何有效地驾驭它？如何防范它的负面效应？等等，等等，不但缺乏深入、系统的研究，而且任凭社会上以讹传讹，使行业之外的人几乎一片混沌。

中国古代《孙子兵法》上有句著名的军事格言："知彼知己，

百战不殆。"发展博彩旅游业既然是澳门特区政府依据《基本法》制定的特殊政策，既然是"一国两制"的具体体现，我作为中央媒体派驻澳门的一名记者，作为澳门回归后博彩旅游业发展的见证人，自然有责任、有义务关注这项关乎澳门长治久安的基础产业能否始终沿着健康、有序的轨道向前发展，有责任、有义务研究与探讨澳门博彩业发展史和经营史，从而为澳门的繁荣昌盛尽一份力量。

# 《澳门博彩业探秘》后记

　　这本书所收录的文章，系近几年笔者关注、探究博彩业发展所见、所闻、所思见诸报刊文章之集大成者。故学为文章，积累有前有后，认识有薄有厚，如今集纳成册，难免有参差不齐之疵。好在本人的这一由浅入深的认识过程，基本真实地记录了澳门博彩业由小到大、由弱到强不断发展提升的过程。所以，在筹划、整理这本书稿的时候，除了从整体上调整、归纳各篇什之间的内容及订正明显的谬误外，其他均保持了原封不动。

　　当最后一遍校对完这本厚达二百五十多页关于澳门博彩业专著清样时，突然间，连我自己也感到惊诧，这真是我撰写的东西吗？我心里太清楚不过了，六年前上岛时连"博彩"这个词语都不懂的主儿，六年后竟出版一本有关澳门博彩业的专著，这期间的跨度也忒大、忒离奇了点！

　　然而，"离奇"就真的创造出来了，这本书就是明证，尽管它还不尽如人意。我不想虚伪地否认这"离奇"背后自己所付出的子规啼血般的努力。但是，我更想在这里大声申言的是，如果没有澳门博彩股份有限公司、金沙集团（澳门）股份有限公司等博彩公司的充分理解和鼎力相助，如果不是何鸿燊、萧登·艾德森、吕耀东

190

等博彩业大亨的关心与支持，如果得不到苏树辉、吴志诚等澳门博彩业界元老的信任与厚爱，如果抛开林昱、廖国瑛、霍志钊、汪张彦雯、林志诚、郭瑞昌、梁涛等许许多多博彩业界朋友始终如一、真诚的友情与呵护，本人再大的努力亦是无源之水、无本之木。在这里，我要向他们恭恭敬敬鞠上一躬，表示最深切的谢意！

现在，本书即将付梓出版。我借此向在百忙中为本书题写书名和题词的苏树辉先生、霍志钊先生致以衷心的感谢！向为本书的出版倾注的大量心血和智慧的芸子、鲁毅两位挚友，表示最诚挚的敬意！向为本书出版与印刷做出许多繁杂工作的嘉华印刷公司刘桦老前辈，也向给予本书高度关注与支持的中联办原副主任王今翔先生等，致以深深的谢意！

# 《行走澳门》跋

　　《行走澳门》一书的写作，完全是一种命运的安排。因为，我与澳门的"结缘"，至今仍令许多人不可思议。记得二〇〇一年底，我义无反顾郑重向时任总编辑许中田先生提出辞去记者部主任、申请到澳门当驻站记者的时候，许总颇感惊异地问："你不是在诓我吧？"应该说，选择澳门，既不是组织上的有意安排，也不是我人生目标的初衷。实在是冥冥之中一个幽灵的驱使，连我自己也说不清道不明，到底自我放逐与来澳门之间有什么必然联系。

　　澳门，虽不敢说是我人生旅途中的最后一个驿站，但却是我人生舞台的一个巨大转折点。迄今，它给予我心灵的撞击，给予我思想的激情，给予我创作的冲动，给予我超然的感悟，远远超过了我的前半生。收集在这本书中的东西，虽称不上什么上乘之作，但真实地记录了澳门在我心灵中的感应，真实地描绘出我感悟中的澳门。

　　结集出版这本书，既是为了总结自己过去的一段经历，更是为了回报那些不管潮涨潮落，始终如一惦念着我、厚爱着我的亲人和朋友。在此书即将付梓出版之际，我由衷感谢中央人民政府驻澳门联络办公室主任白志健先生宽达执笔，百忙中为本书作序，芸子、

192

陆波两位先生对本书写作的倾心指导和修改，吴志良先生和澳门基金会对本书出版的鼎力相助，以及中联办宣文部孔繁壮部长等几位主管平时在工作上和精神上对我的鼓励和尊重。没有这些帮助，本书的写作和出版是不会如此顺畅的。

# 《老杜博文选》序

　　得知杜峻晓要把过去一年自己所撰写的"博文"（博客文章）集纳出版，甚感欣慰。之前，他尚在犹豫之中，我就几次三番催促他下定决心去做这件事，而且使出激将法"激"他："你若出版此书，我来给书作序。"

　　其实，这倒真是我的心里话。之所以极力撺掇他去做这件事，是觉得这些博文实在太像他本人了。可以说，篇篇如同峻晓的自画像，弥漫着他的气味，彰显出他的性格，描绘出他的做派，袒露出他的内心，实帮实底，不雕琢，无粉饰，与他见诸报端的"职业文章"形同陌路，有着天壤之别，真正做到了"文如其人"。

　　我与峻晓，乃同事加朋友之关系。自二十世纪八十年代中期始，我俩不仅同在一个大院内工作、居住，且曾同在一个部门共事数年。朝夕相处中彼此相知甚深，在我眼里，峻晓当属乐天派性格，凡事想得开，视生活重压若无物，活得洒脱、奔放。而且，说话无"正型"，喜调侃，爱逗乐，待人接物无拘无束。更属于那种天助神佑一类的先知先觉者，凡事开悟得早，总能先人一步。譬如，二十世纪八十年代末，电脑这"玩意儿"刚刚在中国地平线上露出"桅杆尖"，尚未进入大众生活圈，他就鬼使神差般鼓捣起电脑来，不惜成本买来各种有关电脑的软件、光盘及书籍，近乎狂热地钻了进去，终成正果。

时至今日，至少在单位近千号编辑记者当中，他仍属于驾驭电脑最靠前、"最溜"的几个人之一；再譬如，二十世纪九十年代末，"地方记者"的头衔在大院内远非今天这般吃香，欲说服、动员家在北京总社的年轻编辑、记者下到各省区去当"驻站记者"，真是件蛮费劲蛮艰巨的任务，因为响应者寥寥无几。但同峻晓一说，他竟毫不犹豫就同意了。当时，他儿子尚在读小学，太太又经常出差，家中无论如何离不了他。可他无牵无挂，一点没向组织上透露，打起背包毅然决然离开了北京城，成为当时报社罕有的几个先行者之一。

谁知这一去就是十六七年，迄今未归。先是派驻广西，后到宁夏任站长，这两年又转任陕西分社社长，均属"老、少、边、穷"地区。这期间，我俩虽天各一方，联系甚少，但有关他的动态却时不时传入耳中。譬如说他不要报社一分钱，依靠地方政府的支持，在前人栽树的基础上，每到一地都会令记者站（后来改叫分社）面貌大为改观，凝聚力直线上升等。

听后不禁为之一震！心想，这就是峻晓！随遇而安，干他想干的事。只要他想干，就是铁锤磨绣针的活儿，也会坚持到底。

这不，就如同他瞄上"写博文"一样，夙兴夜寐，仅仅一年工夫，一部二十几万字的博文选集就面世了。我算了算，差不多平均两天一篇博文，每篇都在千字以上，且几乎篇篇出彩。这种韧性，这种执着，这种能力，一般人很难攀比。这又使我想起一九九九年十二月六日峻晓在广西驻站时遭遇的那场特大交通事故。一辆满载着九家中央驻桂及省属媒体记者的"依维柯"中型面包车，被一辆超速行驶的大巴撞成一堆废铁，满车记者死的死，伤的伤，惨不忍睹，唯有他安然无恙。原本是一位待救者，瞬间却变成第一位现场救护人、第一个向外求救者、第一个在事故现场向外发出新闻稿的记者。我始终在猜想，此种奇迹的出现，若没有上天的护佑是绝不会发生的。

故而，经历九死一生的他，方能拨开人生的雾障，把握生命的密码，看清仕途上的来龙去脉，时时刻刻对自己和"今日"保持一份分析，大智若愚，返璞归真。读其博文，便可以清楚地感受到这一点。嬉笑怒骂的背后，其实跳动着一颗仗义执言的良心。如"假如美女干部被提拔""胡锦涛'干货'说深得民心"等，博文所云，响鼓重锤，微言大义存焉；幽默调侃的背后，无不饱含着一个媒体工作者高度的新闻敏感与无可推卸的历史责任。如"城市，你将在谁的手中毁灭""包裹里的石头""坏了，万荣老家发现煤田啦！"等，篇篇紧扣瞬息万变的时代脉搏，针砭纷纭繁杂的社会现象。看似调侃，却不是闲侃；貌似犀利，却饱含爱心；玩味幽默，却晓之以理。坦荡、率真、质朴，敢爱敢恨敢作敢当，简直就是一篇篇无恚无碍全无心机的劝世说。不管你接受不接受，不管你爱听不爱听，我非要一股脑儿倒出来，不吐不快，不写不畅。展示出一个真正媒体工作者应有的风采。

本来，这些博文只要稍稍做点文字上的拿捏、润色，无论从主题、文采，还是角度、时效性上看，均属主流报刊求之不得的好文章，可惜只能栽种在"博客"的自耕圃中。如今，作者决定将其结集出版，张扬于世，实在是一大快事！至少对那些千篇一律、千人一语充斥报刊版面的现象是一个撞击。

为彰显个性的文章鼓与呼，为"文如其人"鼓与呼！

# 《学飞集》序

喻德声，一九四三年一月生人，今年实际上已跨入七十二"界龄"，现任珠海市老年大学《珠海秋韵》报三版编辑，属于那种自寻其乐的"业余差事"。我与他即相识于这座校园内。

二〇〇一年，珠海市老年大学新开设了一门"写作与鉴赏"课，求学者踊跃。学校四处聘请授课教师，我是其中一位。于是，整整一个学期，讲授"新闻与回忆录写作"，便成了我与近四十名老年学员互动频繁的全部内容，其中一位就是喻德声。

说老实话，当时我并没有记住他的姓名。全班三十七八位学员，一半以上年龄都比我大，最大的八十三岁，一眼望去，满目沧桑。我记得最清楚，这位八十三岁的学员就坐在头一排，与我面对面，几乎挨着讲台。每次授课，他不像其他学员埋头做笔记，而是目不转睛全神贯注地盯住我身后的黑板和讲台右上方的ppt屏幕，那个痴迷专注劲儿，就像一个刚刚踏进学堂求知欲超强的稚童，令人叹服。很快，我察觉出他双耳失聪，几乎听不到声音，跟他说话要大声喊，还要比画。更是震撼不已！想想看，生命已步入如此逼仄的天地，居然还自掏腰包前来参加"写作班"，真乃雄风烈烈啊！

还有这位老喻，退休前系湖北省一直属大企业的副总工程师，曾拥有过耀眼的辉煌。如今另起炉灶，埋头学写作。照他的话说，"原来从未写过文学作品，通过学习，激发了我的创作热情，在不到一年的时间里，写了近七十篇文章，加上我后来写的两篇论文，杂七杂八，收成了一本集子。由于刚学习写作，故起名'学飞集'。"他辗转托人请我作序，我即回复："可以。"我这次为什么这么痛快呢？因为，他打动了我：身为古稀之躯，却浑身渗透着一股冲天之气，充盈着一股铁杵磨成针的坚韧劲儿，学一行，爱一行，钻一行，成一行！我为有幸教过这样的学生倍感荣幸与自豪，更有责任与义务为老喻的这种争气人生喝彩助威！

人过了耳顺之年，都逃不过生命的自身规律：夕阳无限好，只是近黄昏，生命开始进入不景气的最后阶段。就好比一次旅行，旅途的终点快要到了。然而，从"写作班"这些学员身上，从喻德声身上，我却意外地获得了关于生命的崭新诠释：勿与年龄论人生。生命可以不景气，但人生不能不争气。在争气的人生面前，那老去的年华依旧可以风情万种；在争气的人生面前，纵使岁月朦胧，天涯西东，依然可以唤回散尽的青春雄风；在争气的人生面前，时间不是成本，而是丰厚的收获，依然可以回馈社会，回馈这个诱人的时代。

# 《新选唐诗三百首》自序

昔日从事中学语文教学时，即颇感诸多《唐诗三百首》选本，尤其流传甚广、影响最大的清代蘅塘退士的选本，虽数百年来一直为中外读者所尊崇，但毕竟时光已过去数百年，时过境迁，古今观念、眼光、趣味差异日益拉大，愈来愈难以穿越时光隧道，与今天联通，与今人共勉。故蠢蠢欲动，欲以今人的感受、体悟，再试选一册《唐诗三百首》，使唐诗这一中华文化的瑰宝，心有灵犀一点通，能更快捷地融入当代社会生活中，融入当代中国人的文化精神世界里，以便更好地传承这一文化血脉。无奈，因受当年各种主客观条件限制，不可能也无能力去从事这项有趣的事情。最终，只不过变成在自家脑海里不时打转转的遐想而已。

近来，受兴致驱使，整日游走于故纸堆中，旧念又起，夜不能寐。遂找来《全唐诗》，一页页翻读，低吟慢品，遇怦然心动者，顺手拈来；碰感怀有加者，乘兴笔录，并随手放在微信朋友圈内，供大伙儿赏玩。不承想，近两年过去了，竟选出了三百首。令人鼓舞的是，选诗过程中意外得到各方朋友的热情鼓励和踊跃参与，使整个过程本身就充满了诗意。如今，将其整理成册，冠名《新选唐诗三百首》，交由出版社出版。若能些微提高读者国学趣味与生活乐趣之半毫，当不甚欣慰并万分感激之至！

最后，还想补充一句，我一向信奉"文无第一，武无第二"的信条，选诗序列没有先后之分，更不存在排行榜。还是那句老话：有一千个观众，就有一千个哈姆雷特！

# 《新选唐诗三百首》后记

　　经过两年多的努力，总算自选自编了一部《新选唐诗三百首》。绝无意与孙洙比肩，他乃大家做学问，我只不过想通过这种形式系统学习一遍唐诗，聊以打发寂寞的退休生活。民谚有道："熟读唐诗三百首，不会作诗也会吟。"看来，"三百首"是一个筐，往里面装什么，兴由个人所好。选编之前我曾说过，我选诗之标准：唐诗中的脍炙人口之作，一定要跳出孙洙《三百首》的框框，在《全唐诗》范围中寻找。因此，就其年代和内容，亦未做特别编排。

　　这确实是一份苦差事，天天扑腾在四万多首唐诗的泱泱大河中，捞吾所好，然后反复吟诵，领悟出独特的感受，再查找相关背景资料，相辅相成，最后形成准确而优美的感悟文字，谈何容易！这更是一份美差事。走进唐诗，犹如走入了一座美的殿堂，有声有色、有形有势、有质有气，辉映着音律之美、色彩之美、空间之美。鉴赏唐诗，就是探寻美的历程。

　　不知不觉，《新选唐诗三百首》唐诗终于选编完成了！这是自己给自己的一份答卷，这是自身晚岁的一份时光记忆，值得！如果还能对旁人发挥一点点光和热，那就更是一份意外的收获了。借此《新选唐诗三百首》收尾之际，向一直关注并指导选编工作的各位朋友、老同事、老同学、众亲属，表示由衷的谢意！我要说，没有你们的关注与推动，就没有这《新选唐诗三百首》的重新集结。

# 遵济修兄嘱作书序

派驻澳门近八年的岁月里，先后结识的当地媒体同行不算少，郭济修先生是其中一个。他不属于那种一见面就很投缘、相见恨晚的人，是一位默默地向你走来、潜潜入心的朋友。

掐指算来，迄今我俩相熟大约亦有十多年了，见面的机会虽不多，但每次相遇总有聊不完的话题。小至澳门社会百态，大至时代风云变幻，总有思想火花碰撞，知无不言，心无拦阻，郭先生总有独到的见解和理性的分析，每每令人开悟。尤其他坦诚直面人生的气度，情浓却不显露的真挚，让我的心与他走得很近。慢慢地我发现，他作为记者的视角总有一种登高临风的宏观意识，即通观全局、把握全局的能力和宏观与微观相互融通的能力。就像收集在这本书中的文章，无一不事关澳门社会、经济、政制、历史、文化、可持续发展等大实践、大思考、大透视，用一句军事术语来形容，他时刻关注的不是战术问题，而是精于研究探讨战役、战略问题；不是一个整日拘泥于琐碎事实的写稿匠，而是一位具有时代眼光、站在历史和整个社会的角度，观察问题、思考问题的学者型大记者。

我以为，作为一个媒体人，本质上属于社会评论家。澳门同整个中国大地一样，正处在历史上最昌盛、最激越的大发展、大变革时期。社会生活一下子变得复杂多了，到处都有问题需要探讨，读者要求对每一重大社会现象都能从体制、文化等方面，给以深刻的反映与揭示。因此，媒体人首先要提高自身理论文化素质，宁愿用不够精准的语言去表述一个新的趋势、观念和社会现象，也不要用无懈可击的语言去表述众所周知的事实。当今澳门更需要一大批如同郭济修先生这样理论功底扎实、掌握多方面新型科学知识、思辨色彩强烈的学者型记者，成为社会的观察员和评论员，以适应新时期特区政府与广大爱国爱澳民众的新要求。

借济修兄《回望澳门》一书出版，写下上述点滴感言，权当作序言吧。